高中主题班会
设计技巧与优秀案例

郑学志◎主编

中国轻工业出版社

图书在版编目(CIP)数据

高中主题班会设计技巧与优秀案例/郑学志主编.—北京：中国轻工业出版社，2013.2（2023.8重印）
ISBN 978-7-5019-9056-6

Ⅰ.①高… Ⅱ.①郑… Ⅲ.①班会-中学-教学参考资料 Ⅳ.①G635.5

中国版本图书馆CIP数据核字（2012）第253669号

保留所有权利。非经中国轻工业出版社"万千教育"书面授权，任何人不得以任何方式（包括但不限于电子、机械、手工或其他尚未被发明或应用的技术手段）复印、拍照、扫描、录音、朗读、存储、发表本书中任何部分或本书全部内容，以及其他附带的所有资料（包括但不限于光盘、音频、视频等）。中国轻工业出版社"万千教育"未授权任何机构提供源自本书内容的电子文件阅览、收听或下载服务。如有此类非法行为，查实必究。

责任编辑：吴　红
策划编辑：吴　红　　　　责任终审：腾炎福
责任校对：刘志颖　　　　责任监印：吴维斌

出版发行：中国轻工业出版社（北京东长安街6号，邮编：100740）
印　　刷：三河市鑫金马印装有限公司
经　　销：各地新华书店
版　　次：2023年8月第1版第5次印刷
开　　本：710×1000　1/16　印张：16
字　　数：158千字
印　　数：11001—13000
书　　号：ISBN 978-7-5019-9056-6　定价：32.00元

读者热线：010-65181109，65262933
发行电话：010-85119832　传真：010-85113293
网　　址：http://www.chlip.com.cn　http://www.wqedu.com
电子信箱：1012305542@qq.com

如发现图书残缺请拨打读者热线联系调换
120739Y1X101ZBW

本 书 编 者

主　编：郑学志

副主编：覃丽兰　周　萍　潘雪陵

作　者：（以姓氏笔画为序）

　　　　王　华　冯秀丽　刘　洋　刘爱国　李进成

　　　　李枝福　杨春林　郑学志　周　萍　秦　望

　　　　覃丽兰　窦广娟　樊会武　潘雪陵

前言：让一本书成为你的班会课助手

有没有一本书，能够成为我们开设主题班会课的助手？

我一直在寻找一本书，希望它能告诉我们：主题班会课究竟有哪些内容和形式？究竟该怎么开展？它有哪些技巧和奥秘？很遗憾，在编写这本书之前，尽管我们一直在寻找，但是没有一本书能够恰到好处地解决我们一线班主任心中存在的这些疑问。虽然有些书名很吸引人，如魅力班会课、班会指南、激情和梦想之类的，但它们并不是我所需要的。

既然没有，那么我们就动手做吧！于是，我们在《班主任之友》论坛上，在中国自主教育网上，在我们很多最近崛起的班主任民间研究团队里——我认为班主任民间研究团队超越了任何形式的行政性研究团队，这样的团队没有经费支持，没有行政考核，只有一心一意专注于教科研的老师才能坚持下去，他们的热情、才华和研究力度，早已经超越了任何形式的行政性教科研团队——寻找答案，这样的答案应该是非常符合一线班主任需要的。幸运的是，我获得了很多来自一线班主任的支持，他们不仅送来了自己的班会课设计方案和详细过程的文字实录，而且发来了他们班会课的生动照片。这些生动的材料用铁的事实证明，我们这些班会课不是想象中的，不是学院派的，而是从具体实践中得来的。

为了获得更多的、更广泛的案例，我们采取一周一总结、一月一评比、大家竞逐最终冠军的方法征集稿件。这样，通过层层选拔，最终在全国范围内的征稿中，我们挑选出了纳入本书中的21个优秀案例。

我相信，只要您翻开目录，浏览一下标题，您就会发现这本书和别的书显然不同。因为，它恰好是您工作需要的。因为，它恰好告诉您——

（1）什么是主题班会？我相信，很多班主任对这个问题都有模糊的认识。正因为这个模糊的认识，让我们失去了很多主题班会的优秀案例和做法。现在我通过本书中精选的主题班会优秀案例告诉您：主题班会就是教育者——尤其是班主任根据学生成长需要和学校教育教学的具体安排，针对学生中存在的一些问题，组织学生围绕一个明确的主题、采取适宜的方式进行的一种集体参与性教育活动；一般以会议的形式表现出来，故称主题班会。概念明白之后，我们就会很惊喜地发现，原来主题班会不仅仅是唱歌跳舞，它还能帮助我们民主地处理班级事务！那么，我们平日里就某一个问题和学生公开交流，是不是也就上完了一堂主题班会课？我们让学生自己开会处理问题，是不是也算一次主题班会？……是的，本书就是用如此简明但又很科学的定义，让我们理解和掌握了主题班会的真正内涵。

（2）主题班会的形式有哪些？能够想到这个问题的，应该是想在班主任工作上有一点作为的老师。因为不少班主任是靠行政命令在开展工作，鲜有人去想自己还可以做什么，还有哪些形式的主题班会可以开展。想有所作为的班主任在实践中深深懂得一个道理——学生都是喜新厌旧的，只有不断创新和拓展主题班会的形式，用最有吸引力的形式把班会内容精彩地展现出来，才能不断增强班会课的魅力。正因为如此，他们才严肃而认真地考虑一个问题——主题班会的形式有哪些？如何才能使主题班会常开常新、满足孩子们心灵的期待？只有坚持去做的班主任，才会想到这个问题。幸运的是，在这本书中，广大一线班主任通过自己卓越的工作实践和精彩的案例写作，向我们展示了19种形式不同的主题班会，而且每个案例都不重复。我希望通过这本书，尽可能地给班主任老师们以更多的专业参考。老实说，我在这么写的时候，自己都感觉到很自豪——我们搜集整理了目前最为齐全的主题班会课形式！可以给老师们更多、更充分的借鉴！这种工作本身就是很有意义的。

（3）主题班会有哪些奥秘？要注意哪些工作技巧？谈到这一点我就笑了，因为这本书最大的特色就是实用、贴心，凡是您所需要的，就是我们要努力提供的。我们在全书的第一部分安排了一个章节的内容《高中主题班会的设计与组织技巧》，专题解决老师们心中的这个疑问。它从定义、分类、操作、形式、经验、链接等六个方面，全方位地解决了关于开展主题班会的技巧问题。而且，我们尽量把它做得浓缩一些，做得精致一些；把它做成助手、指南形式的，用最精练的文字解答老师们内心的疑问。您只要稍加浏览，就可以把它全部掌握。真是简单而且轻松！

（4）主题班会还有哪些注意要点？这是个贴心的提示。把工作做好，就要注意一些小的细节。细节决定成败，很多时候，这些注意要点就是我们工作的要诀。我们在书中的每一个案例里，都做到了尽可能地把最关键的秘诀揭示出来，比如在每个案例的开头，我们用很精练的语言告诉您为什么要推荐这个主题班会，它有什么优点，能够解决我们工作中存在的什么问题——我们专门设置了一个栏目"推荐理由"，把这些原因告诉读者。而且，我们还在"班会总结"之后，专门用一个环节"操作提示"，把那些最需要注意的地方指出来。相信这些温馨而又专业的提示，能够让您从容地把握主题班会。

总之，我们力求从全书的布局谋篇，到具体的细节设计，都尽可能地做到一点——让这本书成为您的班主任工作助手，让它成为您开设班会课必不可缺的助手。如果，您在每次开主题班会之前都忍不住翻阅这本书，在工作遇到难题的时候首先想到的是这本书，甚至把它带到厕所里去读（好多名人名家都喜欢在如厕的时候阅读一本好书），那就是对我们最大的肯定。

郑学志

2012 年 9 月 26 日

目 录

前言：让一本书成为你的班会课助手 ·· I

第一部分　高中主题班会的设计与组织技巧 ···························· 1
  一、定义：主题班会不仅仅是唱歌、跳舞和娱乐 ···················· 3
  二、分类：魅力班会课的主要类型有哪些 ···························· 4
  三、操作：主题班会设计的基本途径和原则 ························ 9
  四、形式：主题班会的基本框架和要素 ····························· 11
  五、经验：主题班会常见的六个误区 ································· 16
  六、链接：如何打造让学生难忘的主题班会 ······················· 19

第二部分　高中主题班会优秀案例精选 ································ 23
第一辑　高一：健康快乐第一年 ·· 25
  一、班级建设性主题班会 ·· 25
    我们从此一家人——建班第一课 ···························· 25
  二、思想教育性主题班会 ·· 36
    高中生活该如何起航 ·· 36
  三、日常事务型主题班会 ·· 45
    和学生一起制定班规 ·· 45
  四、心理辅导性主题班会 ·· 52
    摆脱烦恼，选择快乐 ·· 52

五、励志教育性主题班会 ······ 61
　　人生 AB 剧 ······ 61

六、经验交流性主题班会 ······ 67
　　请校长给咱颁奖 ······ 67

七、特色班级主题班会 ······ 74
　　我们都是爱国者 ······ 74

八、实话实说式主题班会 ······ 92
　　用歌声教会学生恋爱 ······ 92

第二辑　高二：魅力个性第二年 ······ 99

一、思想教育性主题班会 ······ 99
　　追梦，我的高二生涯 ······ 99

二、专题辩论式主题班会 ······ 109
　　感受亲情，消除代沟 ······ 109

三、公益实践性主题班会 ······ 119
　　我们在行动——义演义卖募捐主题班会 ······ 119

四、成果汇报型主题班会 ······ 129
　　激情飞扬的足球之夜 ······ 129

五、模拟表演式主题班会 ······ 139
　　智慧呵护生命 ······ 139

六、政治宣传式主题班会 ······ 150
　　雷锋精神伴我成长 ······ 150

七、随机生成性主题班会 ······ 160
　　秘密花园 ······ 160

第三辑　高三：精彩高效第三年 ······ 171

一、娱乐休闲式主题班会 ······ 171
　　草地上的中秋 ······ 171

二、班级事务性主题班会 ······ 181
　　为心灵拂尘 ······ 181

三、总结表彰性主题班会 ································ 188
　　为自己喝彩——运动会"另类"表彰大会 ·········· 188
四、庆祝典礼式主题班会 ································ 196
　　成人礼——向 18 岁致敬 ······················· 196
五、咨询答疑性主题班会 ································ 207
　　备战高考 ····································· 207
六、专题教育式主题班会 ································ 223
　　自主择业，笑迎明天 ··························· 223

第一部分
高中主题班会的设计与组织技巧

主题班会课是班主任的必修课,也是任何一个学校课时安排表上不能回避的一门课。可是,很少有哪一堂专业的培训课告诉过我们,主题班会课该如何设计、如何组织。

很多时候,班主任是凭着自己零星的经验和片段的感觉在开主题班会、在上主题班会课。一旦遇到竞争性或者表演性的主题班会课,不少老师就着急:到哪里找那么好的主题班会课呢?谁能教教我上主题班会课的技巧?哪里有相对系统的资料?……

由于先天性训练不足,日常性的使用太少,加上班主任确实太忙——能够把正常的教学工作做完,带领学生考出好成绩就不错了,哪里还有时间、有精力去研究主题班会课呢?因此,不少老师在主题班会的设计与组织上,天生就有一种资源和能力的欠缺。

要是有一本书,能够简单、系统、高效地介绍主题班会的设计与组织技巧,能够提供典型、生动、完整、优秀的设计案例供我们参考,能够有详细、具体、真实的文字实录供我们借鉴,该多好啊!

——告诉您,在组织编写这本书的时候,我们恰好把这些因素考虑到了。您所要的答案就在里面……

一、定义：主题班会不仅仅是唱歌、跳舞和娱乐

一说到主题班会，我们脑海里跳出来的关键词就是：元旦晚会、文艺汇演、中秋狂欢……主题班会嘛，无非就是让学生唱唱歌，跳跳舞，娱乐娱乐。

这是对主题班会的误解，是我们不少老师对主题班会缺乏研究和实践；接触少，用得少，自然了解少。我在很多老师中做过调查，问他们开过主题班会没有，不少老师摇摇头，也有一些老教师告诉我，他们一辈子也没有开过主题班会，每周的班会课，就等于是学生的自习课。也有些老师无意识地开展过好多主题班会活动，但是不知道他们开展的就是主题班会。如山东有位年轻的班主任，经常和我交流班级工作，他说他常常组织学生讨论班级事务的处理，不知道那是不是主题班会。我说是啊，这也是主题班会的一种形式啊！他如梦初醒："啊，这也是主题班会？！"

是的，这也是主题班会！主题班会不仅仅是唱歌、跳舞，也不仅仅是娱乐，它更多的是一种教育方式。准确地说，主题班会是教育者——尤其是班主任根据学生成长需要和学校教育教学的具体安排，针对学生中存在的一些问题，组织学生围绕一个明确的主题、采取适宜的方式进行的一种集体参与性教育活动；一般以会议的形式表现出来，故称主题班会。主题班会是学生自主处理班级事务、澄清是非、提高认识、进行自我教育的一种很好的武器。

从这个定义，我们可以看出，主题班会有如下一些特征。

1. 有明确的教育目标

主题班会都是有针对性的，即主题班会要完成其目标和任务。哪怕是开文艺性晚会，目标也很明确——让学生的才艺得到展示，缓解和释放学生的生活、学习压力，陶冶情操，感受生活的快乐。因此，具有明确的教育目标，这是主题班会的一个鲜明特征。

2. 有鲜明的教育主题

一个主题班会，一般只适宜解决一个或者几个问题。如果主题班会主题不明

确，搞成大杂烩，效果肯定是不好的。因为那样学生会无所适从，不知道做什么好。

3. 需要学生集体参与

主题班会是教师主导，以学生为主体，对学生进行教育和自我教育的一种方式。这种方式需要学生集体参与。举个简单的例子，一个学生过生日，可能不宜开主题班会，但是举办集体生日庆祝活动，就可以开主题班会了。

4. 有明确的计划性

主题班会的召开，一般都会经历一个选题策划、活动筹备、组织及实施的过程，每个步骤的开展都有一定的计划性。而且，一个学期举办多少次主题班会，学校一般都有明确的安排。很多学校还明确地在课程表中注明哪一天的哪一节课是班会课。

5. 方式灵活多样

主题班会没有固定的形式，只要孩子们喜欢，老师们觉得方便、能够解决问题就行。在工作实践中，我们可能会有正儿八经的班务研讨会，有开心娱乐的节日晚会，也有随机讨论的生成性班会，还有在教室外面举行的各种自由活动式班会……形式自由，场地不限，这正是主题班会灵活性的体现。

总之，主题班会有哪些类型，我们可以利用它做什么、如何做，相信只要用心钻研，您一定会有收获。

二、分类：魅力班会课的主要类型有哪些

按照不同的分类标准，主题班会可分为不同的类型。比如说按照学生参与程度，可以分为教师主讲型、教师主导型、学生自主型、师生共同参与型等；又如按照任务来源分，有上级安排（如学校和教育行政管理部门计划和要求的）、教师安排和学生自发组织等三种类型；当然，您也可以按照是否提前准备，分为预设型主题班会、生成型主题班会和常规型主题班会……

不管怎么分，作为一线班主任，大家关心的话题是：学生喜欢什么样的主题班会课，我们能够开好什么样的主题班会课，什么样的主题班会最有魅力。

下面，我们就根据老师们的需要，从内容上就主题班会的基本类型和大家交流一下。一般来说，主题班会根据内容和工作需要，可以分为下面一些基本类型。

1. 日常事务型主题班会

我一直认为主题班会的主要作用是解决学生学习、生活中存在的问题，因此，我的主题班会课，主要是日常事务型主题班会。召开这样的主题班会，涉及的问题一般都是全局性的，需要全体同学集体参与、民主讨论。比如说每年开学，要制定自己的班规、确定班级奋斗目标、形成班级共识、解决学生存在的种种问题，我就采用这种日常事务型主题班会。而且，一般情况下，这种主题班会是以学生为主进行，班主任只做引导和服务，这样能够让学生切身地感受到，这个班级是他们的，而不仅仅是老师的。在后文中介绍了我的一个案例《和学生一起制定班规》，供大家参考。

2. 咨询答疑式主题班会

青少年时期生理、心理变化比较大，心理问题和心理困惑也较多，这些问题如果得不到有效解决，很容易影响到学生的未来发展。从青少年的发展特点来看，他们又处在好奇心重、探究欲望强的阶段，但是限于认识水平和能力，对很多问题仅仅靠自身又难以解决。针对这种状况，班主任可以定期组织咨询答疑式的主题班会，通过调查，以学生最关注和最期望解决的问题作为主题，让学生围绕这个主题提出问题，然后邀请任课教师、学生代表、资深领导或心理学专家为学生释疑解难、排除心理障碍。

3. 专题报告式主题班会

学校可以在不同的教育阶段召开专题报告式主题班会，围绕某个教育主题，邀请具有较强的典型性和权威性的人做专题报告，如请司法人员作预防犯罪专题报告或让班级中的优秀学生介绍自己的学习方法或经验等。但是应该注意，采取这种形式一定要选择好专题，要了解和把握学生的思想脉搏，针对学生关心的问题和渴望解决的困惑来选择专题，激发学生的兴趣和参与的主动性。

4. 成果汇报式主题班会

无论是教育的要求还是学生自身发展的要求，都需要学生走向社会，走向更为广阔的空间，积极参加社会实践活动，以获得知识，增强社会责任感。以往我们往往只注重学生参加社会调查、参与社会实践活动的形式，对学生的内在体验缺乏有效的了解。针对这种情况，班主任可以及时召开成果汇报式主题班会，让学生报告自己在调查中的发现和参与活动的体验，展示自己取得的成果，表现自己的才能和特长，在相互交流中增强学生的成就感和自信心，强化学生的内在体验，培养学生的社会责任感，为学生的未来发展奠定基础。

5. 专题辩论式主题班会

针对学生容易混淆理解不深刻的问题或者学生感兴趣、平时议论较多的热点问题，可以设置专题，让班内学生分成正反两方进行辩论，并允许其他学生发表意见。通过辩论，可使学生弄清楚那些容易混淆的敏感问题，同时也培养他们是非分明、立场坚定的世界观和逻辑严密、论证充分的思维方式，提高他们的口头表达能力。这种类型的主题班会将知识性与趣味性融合在一起，能大大激发学生的求知欲，可使他们在欢乐轻松的气氛中受到教育。

6. 实话实说式主题班会

青少年有自己的理想，有自己的看法，渴望独立地分析问题或处理问题，但在实践的过程中往往会有偏差。教师可以围绕学生普遍关注的热点问题，仿照中央电视台的《实话实说》栏目举行主题班会，通过学生的交流、讨论及教师的点拨，提高学生认识问题和分析问题的能力。比如，以学习成绩与家教的关系为主题实话实说，让学生以自己的亲身体会来交流、讨论，认识到：学习成绩的好坏与请家教没有必然的联系，学习成绩的提高与自信心密切相关，这其中必不可少的是敢于提问、勤于努力、独立思考。最后可用彼德·克莱思的话"当学习充满乐趣时，才更为有效"来结束班会。这样的主题班会形式简单，以聊为主，学生通过愉快的交谈达到自我认识、自我教育、自我提高的目的。

7. 娱乐休闲式主题班会

教育活动的有效性在一定程度上取决于学生的参与程度。形式新颖、娱乐性强的主题班会往往能够满足学生的好奇心，调动学生参与活动的积极性。因此可以设计一些娱乐休闲式的主题班会，将深奥的道理寓于轻松活泼的娱乐活动之中，使学生在心情愉悦、潜移默化中受到教育。比如，学习先进模范，单纯地进行说教往往显得很枯燥，可以让学生将先进人物的事迹编成各种文艺节目进行表演，即使是严肃的主题，也可以在不偏离主题的情况下，让学生采用小品、合唱、诗朗诵、情景剧场等形式进行表演。

8. 节日纪念式主题班会

俗语说"大人盼种田，小孩子盼过年"。对节日的渴望，可以说是很多人心中的共同期盼。每个学期都会遇到一些值得纪念或庆祝的具有教育意义的节日，以节日为主题开展班会活动，是对学生进行传统教育的好时机。如可在建党节、建军节、国庆节时召开爱国主义教育主题班会，而在母亲节、父亲节时召开感恩教育主题班会，还可以在元旦、中秋等节日，召开旨在融洽师生感情的主题班会。

9. 才艺展示型主题班会

每个人都渴望别人关注自己，而现在的家长非常注重对孩子特长的培养，很多孩子都具备了一种或多种才艺，加上孩子们天生喜欢模仿，因此，才艺展示型主题班会往往成为孩子们追捧的热点。我先后在班上举办过班级"超级男声""超级女声""我型我秀"活动，学生的参与度都很高，甚至很多家长也抽空参加了。举办这样的主题班会，学生喜欢，家长高兴，何乐而不为呢？教育，很多时候就是为学生的成长提供一个展示的平台。

10.模拟表演式主题班会

教育的效果不仅取决于教师说了些什么,更取决于学生从中体验到了什么。如果想让学生接受教师的要求,培养学生良好的行为习惯,就必须为学生提供一定的参与空间,使学生有深刻的体验,这样,模拟表演式主题班会就成为班会课的一个重要内容。这样的主题班会,让学生在不同环境下扮演不同的角色,强化了学生的内在体验,这种润物细无声式的教育很受欢迎。如在学生之间有了矛盾时,班主任可以重新模拟当时的情境,让学生换位扮演,这样既能很好地化解矛盾,又可以教育其他学生。又如为了教育学生理解父母,可以模拟家庭生活,让学生扮演不同的角色,体验父母对自己的关心。这种主题班会能够让学生身临其境,换位思考,加深体验,从而受到感染和启迪。

11.思想教育性主题班会

这其实是班主任用得最多的一种主题班会形式。班级发生了什么问题,出现了哪些不正常的现象,要对学生进行何种思想教育……我们总是不自觉地就用到了这种主题班会。只不过,老师们开这种主题班会时,多是临时性的、突发性的,哪里有问题,就谈哪里;没有事情了,班会课时间就让学生用来自习。其实,围绕班级出现的一个或者几个问题,有准备地组织学生进行讨论、学习和交流,纠正不良影响,端正态度,提高认识,这就是思想教育性主题班会啊!这么一说,我相信很多老师会有恍然大悟的感觉。

12.公益实践性主题班会

社会公益活动是提高班级凝聚力、锻炼学生活动能力的一个好形式。在很多国家,都规定了中小学生每年要参加多长时间的公益劳动,以培养学生的社会责任感,锻炼他们适应社会的能力。适当地开展这方面的活动,有利于锻炼学生的能力,促进学生人格的健康成长。本书收录的湖北鄂南高级中学樊会武老师的案例《我们在行动》就是一个非常典型的公益实践性主题班会。大家可以参考一下。

13. 随机生成性主题班会

这是难度相对较高的一种主题班会。它不讲究事先排练，而是随时根据学生中存在的问题、突发的事件召开，材料具有生成性，活动具有灵活性，因此，比较受学生的欢迎；它也因为能够及时有效地解决问题，而得到班主任的青睐。召开这类主题班会，对班主任的要求非常高，班主任既要有较强的现场组织能力，能够及时引导班级舆论，又要有敏锐的洞察力，能够在短时间内把握问题的实质，引导学生拨乱反正。

当然，这仅仅是主题班会的一些主要形式，对于其他内容形式，限于篇幅我们不在这里一一讨论。总之，形式是为主题服务的，班主任可以根据自己的实际需要选用一定的形式，如果有可能，还要创新主题班会的形式。

三、操作：主题班会设计的基本途径和原则

主题是统领整个活动的灵魂，好似一条红线贯穿于活动的始终，影响着活动内容的确定和活动形式的选择。因此，恰当地选择主题，是开好主题班会的基础和前提。

1. 主题提炼的途径

（1）"小"中见"大"，从学生的学习生活实际中选择主题。

"小"指学生生活中的一些小事或普遍现象，"大"指这些小事、现象反映出的问题或蕴含的道理。学习、生活中处处蕴藏着教育的契机，学生的一言一行都是其内心思想的反映，因此班主任应该充分认识到学生的内部需求，从实际中选取主题，进行有针对性的教育。

（2）"大"中见"小"，从社会大背景中提炼主题。

"大"指国内外的重大事件，"小"指学生的思想实际。学生首先是一个社会人，身处于现实社会之中，受到社会生活的深刻影响，加之现在的学生民主意识增强、社会接触面不断扩大、信息获取渠道日益增多，他们的思想呈现出复杂

性、多样性的特点。这就要求我们的教育不能脱离改革开放的伟大时代，不能落后于风云变幻的国际形势。班主任在进行主题提炼时应该紧扣时代脉搏，把握教育发展的趋势，善于从国际国内的最新热点话题或重大事件中挖掘主题。

（3）"常规"中见"创新"，从传统教育中拓展主题。

爱国主义教育、集体主义教育、文明礼仪教育等是教育永恒的主旋律，是多年不变的常规主题，新时期，我们不但要赋予"常规"以新的内涵，还要有所"创新"与发展。

（4）增强教育敏感度，从社会热点问题中寻找主题。

主题班会应顺应形势发展，拓展诸如心理健康教育、性知识教育、挫折教育、网络教育、禁毒教育、国际形势教育等新的教育主题，以满足新时代对学生素质的新要求。

（5）按照"需要"原则，从实际工作出发提炼主题。

这可以从三个方面去理解：一是实际工作需要，如上级教育部门、学校会布置一些必须完成的教育主题；二是实际工作中存在的问题需要解决，于是生成一些主题班会的主题；三是班主任为了增强教育效果的实际需要，根据自己的工作实际寻找一些主题进行教育。从终点来考虑问题，也是我们提炼主题的一个重要途径。

2. 主题提炼的四项基本原则

（1）必要性原则。

主题班会是师生之间就共同关心的话题频繁交流、双向互动，选择什么主题，必须根据学生的实际需要。一个主题要解决一个问题；不能够解决问题的主题班会，纯粹是过嘴皮子瘾，没有什么实际意义。

（2）生本性原则。

只有贴近学生心灵、切合学生年龄特点、符合成长需要的话题才能引起他们共鸣。在选择主题的时候，一定要把握一个基本原则——以学生为本，贴近学生生活，让学生有话可说、有话能说、有话好说。我们要深入了解学生在想什么、怎么想的，这样确定主题，他们才有情可触、有感可说。如针对当前中学生恋爱问题，设计主题"异性交往大家谈"；针对学生对统一校服有意见，设计主题

"统一着装与张扬个性",这些主题"从学生中来,到学生中去",体现了"以人为本、以生为本"的教育理念,能产生较好的效果。

(3) *可行性原则*。

主题的切入口要小,不然就不好操作。一节主题班会课的时间在45分钟左右,如果选取的主题较大,试图面面俱到,则往往是蜻蜓点水,主题的深化就无从落实。因此,主题的提炼要尽量从小处着眼,从一个侧面或一个点切入,切忌"假、大、空"。

(4) *效率性原则*。

主题就是经过浓缩后的核心理念和中心思想,是经过高度概括和提炼而产生的口号或警句,它既能反映活动的实质,又能调动学生参与活动的积极性。如"诚信,从我做起,从现在做起""言必信,诺必诚""竞选班干部我能行""挫折,我们勇敢面对""给班集体插上腾飞的翅膀"……这些富有哲理、洋溢着青春气息的主题,会让青少年们积极参与,并给他们留下深刻的印象。这样,主题班会才能达到目的、解决问题。

四、形式:主题班会的基本框架和要素

无论组织什么活动,都应该选择那些最为理想的活动形式,以达到最佳的教育效果。那么,在形式的选择上,有什么要求和办法呢?

1. 主题班会形式的要求

(1) *形式和内容的统一*。

内容要通过一定的形式才能表现出来,形式必须依托于一定的内容才有存在的价值,二者只能统一,不能分离。在选择主题班会形式时,应明确认识到,选择主题班会形式是为了使内容更好地表现出来,使学生在积极参与时受到深刻教育。如在以"信心是成功的基石"为题的主题班会活动中,大家收集了许多古今中外女科学家、女作家、女诗人、女企业家的故事,男生谈了对女生的看法,已经考取北京大学、复旦大学的女校友现身说法,家长代表还对女生们给予了鼓

励,多种形式的活动重新唤起了女生的自信,鼓舞了她们求学的信心。再如开展"好书伴我成长"读书活动时,可以采取书评座谈会、演讲会、知识竞赛以及出专刊等多种形式。总之,只要是适合既定内容的活动形式,都可以采用。当然,置班会的内容于不顾,一味地去追求形式上的新颖、有趣,就会违背主题班会预定的目的,失去实际意义。

(2) *形式与条件的统一*。

选择活动形式要从实际出发,不可简单套用他人的活动形式。有时,同样的内容,因实际条件不同,就需要采取不同的活动形式。以开展爱国主义教育活动为例,如果学校附近有革命纪念地、名胜古迹等,就可以采用参观活动这一形式;如果能请到革命前辈、英雄模范来做报告,就可以举行报告会;如不具备这些条件,则可举办"我的祖国"诗歌朗诵会或国情知识竞赛等。有的活动形式固然好,但由于缺乏某些条件而无法开展。如邀请专家做专题报告,大、中城市的学校很容易做到,然而对于农村、边远地区的学校来说,却是件很困难的事情。相反,农村、乡镇学校有着自然环境的优势,随时随处可以进行野外活动,但对于城市学生来说,开展野外活动就有相当的难度。因此,应根据学校条件、社会条件和自然环境,"因地制宜"地选择活动形式。

(3) *形式求新、求变、求活*。

俗话说变则新,不变则腐。活动形式要不断创新,年年老一套只能使学生厌倦。北京四中特级教师丁榕讲过这样一句话:决不重复别人的路,也不重复自己的路。她当班主任20年,20个元旦晚会各有特色。有一年元旦,正当全班学生兴高采烈的时候,忽然有人报告:"老师的宿舍被撬了!"热闹的晚会中断了。怎么办?她要求班委迅速做出决定。学生们在班委的带领下,展开了一场抓小偷的"战斗"。当"小偷"被抓住后,学生们才知道这是老师设计的一个活动。学生们在这个活动中找到了真正的自己:有的学生平时学习不错,关键时刻吓得尿了裤子,有的"淘气包"却机智勇敢;有的奋不顾身,有的却做了逃兵。这项活动深深震撼了学生的心灵。再如,湖北鄂州的樊会武老师,在开了好多次室内主题班会之后,把学生带到敬老院、带到街头,召开了一次公益性主题班会——组织学生用义演义卖的方式为敬老院的老人和福利院的孩子捐款,学生积极性很高,场面可以用"火爆"两个字来形容。又如,在对学生进行"挫折教育"时,天津市十佳班主任栾爱晴组织了骑自行车游外环线、赏外环线美景的活动,深受学生的欢迎。在活动中突然风雨交加,面对重重困难,师生们斗志昂扬,不怕挫折、团结互助。后来,学生们把这次活动称为"风雨外环线"。可见,活动形式新颖,不落俗套,才能受到学生欢迎。

2. 主题班会设计的基本框架

很多老师反感形式上的东西,尤其是在备课的时候要写的教学重难点、课时安排等:经常讲课,哪里有不能够把握的内容,为什么非要写在纸上呢?我以前也是这么想的。但是,现在我不这么认为了。我越来越深刻地体会到,之所以需要形式,就是因为它能够给您提供一个基本的思路框架,什么时候该做什么,哪些地方要注意,形式上的东西能够给您一个适当的提示。按照形式规定的模式去做,一般情况下不会出错。

因此,我在这里将主题班会设计的基本框架说一下。在实际工作中,我也常常遇到老师们提这个问题。一般来说,主题班会设计时一定要考虑好下面一些基本要素:

(1) *教育目标*。

做任何事情都有明确的目标,毫无目标的主题班会是没有实际意义的。哪怕是表演式的、应景的主题班会,也有任务上的要求。因此尽管这种主题班会相对比较呆板,也比较具有行政色彩,但我们还是需要在设计稿中明确教育目标。

教育目标的确定不要太随便,或者认为应付就行。一个负责的老师,他构思和设计主题班会的时候,一定会让他的教育目标具有较强的现实意义,并让师生通过共同努力能够实现。

(2) *班会主题*。

这是主题班会的灵魂,任何一个主题班会,都会有一个明确的主题。如果我们能够把每次的主题班会都提炼成一句简单易懂、通俗明了的格言警句或者号召性的标语口号,对学生的影响会更大。一般来说,主题的确定往往从教育目标出发,要有鲜明的个性、新颖、有趣味性及强烈的吸附性。

（3）准备要素。

很多老师的主题班会设计没有这个环节，甚至有些老师认为这是走形式、没有必要。其实不然，我前面说过，之所以需要形式，就是因为它能够提醒我们别忘记一些重要内容。所以，我的主题班会设计，都有一个明确的"准备"环节，即主题班会中要考虑哪些基本因素，需要做些什么样的必要准备，物质准备、人员安排、素材搜集、场地选择、程序设计等，我都要仔细想好。

（4）内容梗概。

一般以德育为主线，结合实际，增添一些智育、美育、心育的内容，并使之具有时代感、针对性，材料翔实，情感真挚，能使学生产生思想上的共鸣。

（5）形式选择。

形式多样化，并与主题和内容的要求相匹配。侧重于学生的主体意识、行为能力、情感态度等方面的体验。

（6）实施步骤。

也有的老师把它叫作过程实录，它一般由主题的导入、班会的发展和结果等环节组成。我觉得还是叫实施步骤为好——因为在开展之前，它只是一个方案；在开展之后，才是过程实录。在撰写实施步骤的时候，要注意以点带面、全员参与、师生互动，要能引发共鸣。

（7）总结反思。

总结和反思阶段，对教师和学生都很有意义。对教师来说，总结主题班会的成果，可以使之明白这次活动的得失，为今后开展同类工作提供参考和帮助。对学生来说，则可以使之明确主题班会后的任务和要求，延伸正确的人生体验和教育，也为他们今后的努力指明了方向。因此，总结和反思阶段，不仅仅是教师的事情，也是学生的事情。

下面以"读懂母亲"主题班会为例说明设计的思路（见表1），并略谈教育效果。

表1 "读懂母亲"主题班会设计思路

要素		设计思路	效果记录
教育目标		通过举行"母亲节"纪念活动，引导学生用实际行动表达对母亲的感恩之情，促进两代人的沟通和相互理解，培养学生对家庭的热爱和责任感。	1. 针对职中学生的特点，及时引入情感教育。所选主题鲜明，内容丰富，形式活泼、多样。 2. 准备充分，过程实施步骤明确。教师、学生和家长多向互动，气氛热烈，情真意切。 3. 学生、家长和教师融为一体。学生感受真实，受教育深刻。 4. 学生均能按总结要求向母亲表达爱的情感，延续教育成果。 5. 未能广泛邀请学生家长参与，在一定程度上影响了教育成效。
主题		读懂母亲	
内容		以歌曲《世上只有妈妈好》为主要背景音乐，欣赏散文《读懂母亲》和与母爱相关的图片；孩子谈妈妈，妈妈说孩子；女声独唱《妈妈的吻》；从微不足道的小事中发现高尚、伟大的母爱。	
形式		学生、家长、教师多向互动；演讲、文艺表演、艺术欣赏等相结合；突出对情感的真实感受。	
过程	准备阶段	1. 准备活动中涉及的文章、音乐、图片； 2. 准备一个4～5千克的物件； 3. 约请学生家长； 4. 创作主题班会演示文稿； 5. 布置任务，落实场地和设备。	
	实施阶段	1. 让两个女生在腹部绑上4～5千克的物件，让她们讲讲感受，体验母亲怀孕时的辛苦； 2. 用《世上只有妈妈好》作背景音乐，播放婴儿出生过程的图片及母爱的图片； 3. 让学生说出自己对母爱的感受； 4. 欣赏散文《读懂母亲》； 5. 让学生谈谈自己的母亲，讲述母亲为自己所做的一件难忘的小事； 6. 用问卷调查学生对母亲的关心程度； 7. 家长发言，谈对孩子的关爱和期望； 8. 女声独唱《妈妈的吻》； 9. 学生给家长献花； 10. 主题班会小结，结束。	
总结		倡导学生在"母亲节"开展"孝心行动"。要求学生通过给母亲送一束花、说一句祝福语、制一张贺卡或为母亲捶一次背、洗一次脚等，表达对母亲的感激之情。	

五、经验：主题班会常见的六个误区

当前中小学主题班会课存在的主要误区有：

1. 题材跟风，缺乏创新精神

举个很简单的例子——感恩教育。在中小学生中，适当进行感恩教育是必要的，但是很多老师把感恩教育当成班会教育的唯一主题。如果任由班主任选题，感恩常会成为首选。而且，在这类感恩教育的班会中，我们发现这样一个问题——无论孩子做得怎么样，无论家长和成年人做得怎样，都强制要求孩子们学会感恩。这是一个思路问题——我们为什么要组织感恩教育的主题班会，究竟是为谁感恩，为何感恩？如果这些基本的问题没有弄清楚，一味地看着别人开感恩班会，班上的学生眼泪鼻涕一把抓了，自己也跟风来一次，那么我敢肯定，偶尔开展一次这样的主题班会，或许学生会为之动容，但频频开展，孩子们参与的积极性肯定不会高，最后肯定会走向应付。

2. 内容主观，代替学生思考

班会课要为谁说话、说谁的话？当然是为学生而说，说学生的话。可是，实际工作中往往不是这样。不信，我们来看一堂班会课——"寻找幸福"。老师在班会课上朗诵道：

幸福是清晨打开房门，偶遇熟人，彼此间一个浅浅的微笑、一句问候；幸福是坐在办公桌前，事无巨细勤勤恳恳地开始一天忙碌的工作；幸福是闲暇时和同事、朋友拉拉家常，交流生活的小窍门，研究如何做美味小菜；幸福是夜晚回家，总有一个窗口的灯光在为你守候，等待你的归来；幸福是多年未见的朋友每年如期而至的一张生日卡；幸福是常常有人打个电话过来嘘寒问暖；幸福是老母亲窗前期盼的张望；幸福是每逢佳节的一份想念；幸福是天涯孤旅的一份宁静；幸福是高朋满座的一团和气；幸福是和爱人相依相偎地看朝阳起夕阳落；幸福是一家三口其乐融融地围桌谈天说地；幸福是白头携手沐浴在夕阳下；幸福着我们的幸福吧，因为这是上苍对我们的眷顾！幸福着我们的幸福吧，因为这是生活给予我们的礼物！我们快乐着！我们幸福着！

客观地说，这是一首不错的诗，但用在这里就错了，因为它所抒写或揭示的不是未成年人的幸福，而是成年人的幸福！以成年人的思想代替学生思考，这是灌输式教育在德育上的延续。我们开设主题班会课，就要站在学生的角度上，让学生说他们自己的话，而不是围绕成年人做应付成年人的事情。

3. 方法简单，沉溺于形式主义

现今煽情的班会课甚多，动辄紧攥右拳，庄严宣誓。似乎不宣誓就不足以表明师生的信心、勇气，不足以表现他们的气概、精神。如一堂主题为"感恩父母"的班会课，老师在最后对大家说："同学们，你们想对父母做点什么承诺吗？让我们一起高声朗诵《承诺书》：我们要体谅父母、孝敬父母，在思想品德上让父母安心，在学习上让父母放心，在生活上让父母省心，我们决不辜负父母心。"我问这些誓词是谁写的，老师说是自己写的。我问他和学生商量没有？回答是没有。

这就是典型的三无式宣誓——在宣誓中"无我"（如"我们要对得起父母、对得起老师、对得起学校"，唯独没有说要对得起自己）、"无人"（动辄有"舍我其谁"一句，缺乏应有的互动、多赢精神）、"无物"（十分空洞，所提愿景不切实际）。经常用这样的"三无"誓词，时间长了，孩子们渐渐地也就心口不一、言不由衷了。

4. 角色错位，学生成为傀儡

江苏省南通市教育科学研究中心的冯卫东老师曾经说过这样一件事：几年前，他到几所小学观摩队会，从开始的出旗，到最后的辅导员讲话，没有一处不是在背台词、走程序。他表示不解，一旁一位具有多年少先队工作经验的同志说，这是队会中的一种，是汇报式、表演式的。

主题班会，是孩子们自己解决学习生活中所存在问题的一种活动，如果全程全部由教师控制，学生没有半点自主，成长经验的获得就成为一句空话，长时间这样，学生就会很反感。2012年4月9日，江苏省启东市汇龙中学一位学生在国旗下讲话时撤换老师的讲话稿，大声抨击教育的弊端，就是对这种班会形式的一种强烈反抗。

5. 目标功利，贪图一劳永逸

现在的中小学教育，速成的企图、倾向和行为十分普遍、严重，也可以说，它正是当下基础教育种种问题的最根本的症结所在、要害所系，或者说，几乎所有的教育问题、弊病，我们都可以在这里找到源头、渊薮。在此背景下，班会课也在所难免，班主任往往有一种"一锹挖出一口井，一口吞下一张饼"的躁进心理，都希望在一堂课里把学生所有的思想品德问题都解决，毕其功于一役。

如一位老师在班会课"青春、阳光、奋斗"的设计目的中说："通过本次班会，培养学生乐观、向上的心理品质，让学生认识到心理人格的成长与学识同样重要，并让学生懂得生命的价值在于奋斗，从而促进学生人格的健全发展，形成正确的世界观、价值观和人生观。"幻想一次班会课就能够解决学生的价值观念问题，这本身就是一种幼稚化的教育理念。很遗憾，在实际工作中，这样的班会课却大行其道。

6. 主题牵强，脱离生活实际

班会课理应避免穿凿附会，而有些班会课恰恰给人这样的印象，把原本没有关联意义的事情连在了一起，让人感到忸怩作态。

一位老师上班会课"生命之歌"。班会课共分三章：第一章是"捍卫生命"，主要活动有火场逃生要诀、求生小锦囊、地震逃生游戏；第二章是"关爱生命"，主要内容为"救护练兵场"；第三章是"绽放生命"。在第三章中，她给每个学生发了一张心形红纸，要求大家写一段自己的生命箴言。在这个过程中，她在教室前面的墙壁上悬挂了一幅巨大的中国地图。课尾她如是说："让我们献出一颗'心'，将万众一'心'呈现在祖国版图上，把我们个人的命运与祖国的命运紧密相连，共同谱写我们新时代的生命之歌！"

本来，作为生命教育的主题班会，前面的做法是很不错的，孩子们通过活动掌握一些求生技巧，学会关爱他人，这就够了。可后面生硬地把生命教育和爱国联系起来，就牵强了。经常这样做，主题班会就会演变成脱离学生生活实际的表演。

六、链接：如何打造让学生难忘的主题班会

什么样的班会学生最喜欢？什么样的班会学生最反感？《师道》杂志2006年第6期做了一个调查，我觉得很有参考意义，现引用一下，供大家参考。

1. 学生最难忘的班会

印象中有一次班会真的非常令人难忘，班主任布置的是一道辩论题，全班分成两组，分别派出4个代表参加。那一次的题目是"中学生创业是否利大于弊？"。因为有足够的时间准备，所以我们借了许多有关辩论技巧的书，每个同学都非常积极地寻找论据。虽然最后我们反方输给了正方，但我们都深深地记住了那一次班会。

——秦远远

虽然已经读高二了，但我还是非常清楚地记得小学时候的一次班会课。那一次的班会主题大约是爱劳动、做家务活之类的。两节班会课不但有削苹果比赛，还有补衣服、钉纽扣比赛，小魔术表演，比赛结束后还有座谈会，还有很多吃的。大家玩得像过节一样高兴。我想，我们班上的每一个同学都会对这次班会留下深刻的印象。

——裘宁

我们班主任的口才好得不得了，班会课大多数是他在海聊。尽管我们参与的机会不多，但我挺喜欢听他说的，因为他知识面很广，很多问题都分析得让我们心服口服。有一次说到爱国主义，他列举了"钓鱼岛事件""拍卖国宝事件"等，我们听得群情激昂。最近一次说到同学之间的友谊，他引用了很多例子，让我们许多同学都感动得几乎要哭了。

——徐汇

最有意思的一次班会是我们班主任请了一个到日本留学的学生回来给我们讲述他的奋斗史。他讲了怎么在异国他乡通过自己的努力一步步成长成熟，也讲了留学生在国外受到的歧视和生活的艰辛。他鼓励我们好好读书，也号召我们要树立民族的自尊心和自豪感。我们都深受感动，从那次起，我觉得同学们真的开始有所转变了。

——啦啦啦

这个学期学校请了一位教心理健康课的老师给我们每个班级上一次主题班会课。她是一位年轻的女老师，总是笑眯眯的，非常亲切。在班会课上她先是对我们进行问卷调查，然后出了一些心理测试题让我们做，为我们分析了在很多事情面前我们的心理状况和正确的对待态度。开始的时候大家都有些扭捏不安，不敢提问或者回答问题，后来老师把气氛搞得非常活跃。我觉得在这次班会中讨论的一些问题对澄清我们的认识非常有帮助。

——刘珑纳

2. 学生最反感的班会

我们所谓的班会就是班主任的"灌水"大会，一开始他就站到讲台上东拉西扯。兴致好的时候一节课太少，还会把我们的活动课都占上。遇到老哥没兴趣的时候，通常一两句话就把我们打发了，改为自习。也好，让我们耳根清净些。

——王呀呀

我不明白，我们的班主任都四十好几的人了，怎么脾气还是那么火爆。班会通常成为批斗大会，她一上来就全是指责和训斥，态度激昂、言辞尖刻。有好几次说到学习成绩差的同学她还用了"无可救药""一无是处"之类的词语。我在班上属于"沉默的大多数"，有一次被她批评为"机器人，只会听命令行事"。我比较纳闷，如果我不听她的命令行事，下次没准降级成了"无可救药"。

——以柯南的名义

在班主任的眼里，我们都是些没长大的小孩子，什么都不懂、什么都要手把手地教、什么都要指导。权力是绝对不会下放的，开主题班会的时候她是总设计、总代理：串词是她帮我们写好的，节目是她编好的，黑板也是她布置的。我们就是幕前的傀儡木偶，没有一点灵魂和思想。

——无端端

虽然学生看问题的角度和老师有所不同，但是，我一直在想一个问题——我们的主题班会究竟要怎么开？为什么人服务？很显然，我们的主题班会是为学生而开，是为了解决学生生活、学习、成长中存在的问题。我们的主题班会，首先应该让学生喜欢，然后才能够有效地教育学生、解决问题。

有位老师抱怨学生对他组织的活动反应冷淡，不够热情，比如他提出星期六晚上在班上搞一台文艺晚会，愿意参加者寥寥无几，结果活动泡了汤。

我问他们班的班干部为什么没有人参加。班干部说是老师的工作方法简单得令人无法接受。他的工作方法多是命令式的，比如在宣布时，他说："星期六晚上搞文艺晚会，全班同学都必须参加。"有很多同学不喜欢这种语气，就跟他抬杠：你说必须参加，我不参加又会怎样？于是，活动就只好泡汤。这是一个原因，但是，更重要的原因是他没有把大家渴望举办活动的情绪酝酿到足够充分。

我教这位老师一招：首先讲出这次晚会的节目设想如何丰富多彩、整个晚会的安排如何新颖，大家将会得到何种新鲜的感受等，将学生的胃口先吊起来，然后问大家："同学们觉得这个周末搞晚会好一点，还是下个周末搞晚会好一点？"这种方法叫作二选一，这样征求大家的意见，既暗示了晚会肯定要搞，又有与全班学生商量时间的余地。而且以这种商量的语气讲出来，所有的学生都会感觉自己的意见受到了尊重，大家也就愿意参加了。

晚自习后，他就按照我说的办法在班上讲了几分钟。他一讲完，班上就热烈地讨论起来了。只有少数几个学生表示不想参加，没有参与表态，其他大部分学生都说下周搞晚会好一点，能做好充分的准备。最后大家达成了共识，这一个星期大家积极准备。有几个犹豫不决的学生，在一个星期的筹备中，也被周围同学积极参加的热情感染了，也报名参加了活动，有的还根据活动组委会的安排表演了节目。

最后，这次晚会搞得非常成功。不仅吸引了大批外班学生参加，而且在学校形成了这样一种现象——只要他们班上搞什么活动，别的班就纷纷效仿，他们班的学生为此都非常自豪。大家都觉得,在繁忙的学习中,搞些这样的活动,有利于同学们健康成长。

可见,举办班级活动,如果希望全体学生动员起来,首先就要在班上大力渲染气氛,调动大家的积极性。其次,还要尊重群体意见,尽量吸引更多的学生参加,尊重大家的感情,不能纯粹命令式地开展工作。最后,还要调动所有学生的积极性,最好是每人在活动中都有事情可做。

总之一句话,当把学生举办活动的积极性调动起来了,让大家觉得不举办活动很遗憾时,他们就会积极踊跃地参加班会活动了。

第二部分
高中主题班会优秀案例精选

我常常在论坛上、百度上看到老师们心急火燎地发帖子:"跪求"高一高二开学主题班会稿,"急求"高三恋爱主题班会设计方案,"拜请"高手赐教如何召开心理辅导主题班会……用词极其恳切的同时,也说明好的主题班会案例"一文难求"。

确实,一个好的主题班会案例,带给我们的不仅是一种阅读美好文字的快感,从文字的背后还可以看出教师的组织能力、学识才华和他们的思想魅力。对一线班主任来说,我们不仅需要专家们说的道理,更需要在现实工作中能够用得上的案例——很多时候有用比有道理更有说服力!

为此,我们历时一年半时间,精选了全国各地数百名优秀教师在实际工作中取得良好效果的主题班会案例及其文字实录,并从近三百篇来稿中,挑选出了二十多个经典案例。这些案例,有些已经成为设计者学校里的经典教材,有些被各级媒体评为一等奖、特等奖,还有些被一线教师广泛传播……

相信这些案例能够带给您青春的冲动、点燃您火热的激情,让您的主题班会开得更加红火热烈,更加精彩纷呈!

第一辑
高一：健康快乐第一年

高一主题班会的重点在哪里？增强班级凝聚力，养成学生个人和集体的良好习惯，形成统一的班级核心价值观念，建设一个富有战斗力的班集体，应该是高一班主任的工作重点。

为此，我们重点选编了《我们从此一家人——建班第一课》《高中生活该如何起航》《和学生一起制定班规》等一系列非常实用的主题班会案例，分别按照开学日常工作、开学思想教育、开学班级常规建设、期中学生心理辅导、励志教育、特色班级等内容，向大家立体地展示创建优秀班级的全过程。实际工作中存在的很多问题，将会因为一次次有效的主题班会而迎刃而解……

一次精彩的主题班会，原本就是一场有效的思想教育，相信通过我们共同的努力，班级工作将会越来越轻松！

一、班级建设性主题班会

我们从此一家人——建班第一课

【推荐理由】

组建新班级开始，学生彼此之间多少有点陌生，感觉紧张和拘束，但是，本主题班会用诙谐、幽默、生动有趣的活动设计，打开了同学们的话匣子，消除了陌生感，而且让热心班级活动的学生自己站出来，为后面的工作打下了基础。

【适用时间】 高一第一学期开学初

【班会背景】

高一新生刚入学，面对陌生的一切，他们既新奇，又紧张不安。很多住宿学生是第一次离开父母到距离家较远的学校上学。他们会想父母、想家，会感到焦虑、烦躁、苦闷和孤独。这些状况，对新班级各项工作的开展很不利。另外，如果班主任不了解每个学生的特点、特长，将难以很好地挑选班干部、组建临时班委会。

【班会目的】

1. 消除新生的不良情绪，促进相互了解，初步建立同学之间的友谊。

2. 了解学生的特点、特长，为组建临时班委会、营造良好的班级氛围服务。

【重点难点】

重点：

1. 消除新生的不良情绪。

2. 初步建立同学之间的友谊。

3. 营造良好的班级氛围。

难点：

1. 引导学生走出心理困境，以积极的心态融入新的学习生活。

2. 了解学生的特点、特长，找到适合担任班干部的人选。

【课前准备】

1. 课件，歌曲《相亲相爱一家人》《找朋友》。

2. 在教室前后黑板上书写班会主题"我们从此一家人"七个大字，并用"心连心""手拉手"和鲜花的图形对班会主题进行修饰。

【设计思路】

通过四个环节的活动："找朋友""认识你我""送给同学一句话""我们小组最优秀"，锻炼学生的沟通能力、协调能力、合作能力，培养学生的团队精神和合作精神，从而达到主题班会的目的。

【班会实录】

（播放歌曲《相亲相爱一家人》）

主持人：同学们，刚才我们听到的这首歌曲叫什么名字？

学生1：《相亲相爱一家人》，地球人都知道！呵呵！

主持人：不错！这就是《相亲相爱一家人》。"有缘才能相聚"，因为有缘，我们从各个乡镇，走进了这个班级。今后三年，我们将一起生活，一起学习，一起面对学习和生活中的风风雨雨,我们就是一家人。既然是一家人,我们就应该相互认识,相互了解,团结互助,共同前进。

下面,让我们先玩一个游戏,促进相互间的认识和了解。

第一环节:找朋友

主持人:这个游戏的要求很简单。咱们班一共48人,请大家自由结合成8组,每组6人,然后选出组长,由组长负责组织本组人员搞好活动。哪个小组人够了,小组成员就手拉手举起来。我们看看哪些同学行动迅速。听口令:预备,开始!

(播放音乐《找呀找呀找朋友》)

主持人:大家注意了!现在每个小组都是6个人了,一共8个小组。大家做得都很好。现在,请同学们观察一下,看看8个小组之间有什么不同。

学生2:老师,老师,我发现了几个不同。有的小组胖的多,有的小组瘦的多;有的小组高个儿多,有的小组的同学个儿一般。

主持人:呵呵!很好,你观察得够仔细!其他同学有什么发现吗?

学生3:我发现两个小组只有男生,而一个小组只有女生。一个小组的女生多,一个小组的女生少。

几个男生:三个"光棍组"啊!

主持人:这是一个"重大发现"!那么,我们该怎样让每个小组的男女生比例平衡呢?

学生:调整调整!

主持人:好!各小组注意:在音乐停止时,大家要找好自己的朋友。要求只有一个——每个小组里至少要有两名女同学。现在开始!

(播放音乐《找呀找呀找朋友》)

主持人:很好,大家的行动很迅速,相互之间也协调得很好,值得表扬。在我们今后的学习、生活中,非常需要这种合作精神和协调能力。

第二环节:认识你我

主持人:我记得有这样几句歌词:"你不用介绍你,我不用介绍我,年轻的朋友在一起啊,比什么都快乐。"刚才我们每个同学都找到了朋友。下面,进行班会第二个环节的活动:"认识你我"。就是大家相互介绍一下自己,让其他同学认识你。

请大家看一下活动要求。

(展示课件)

> **活动程序及要求**
>
> 1. 第一个同学用如下方式向本组同学介绍自己:
>
> 我来自_____,喜欢_____,我叫_____。
>
> 2. 后面的同学按照以下的方式介绍自己:
>
> 我坐在来自_____,喜欢_____,叫_____的同学旁边,我来自_____,喜欢_____,我叫_____。
>
> 3. 全组同学介绍完毕后,再从第一个同学开始,以如下方式介绍自己:
>
> 认识我是你的荣幸。我的优点很多,先说三个:一是_____;二是_____;三是_____。
>
> 4. 每个组完成以后,各找一个代表按照第二、三条要求向全班同学介绍自己。

学生:哇!老师,难度是不是大了点儿?能否降低一下难度?

主持人:难度不能降低!其实难度不大,关键要看你是不是认真听、用心记其他同学的自我介绍。如果记不住,你就想其他办法记。还有不明白的吗?

学生4:老师,我有个问题。第三条要求是不是弄错了?应该说"认识你是我的荣幸"才对吧?

主持人:没有错!就是让你说"认识我是你的荣幸",不是"认识你是我的荣幸"。一定要记准,不能说错。说错了要更正过来,重新说一遍。

主持人:好,现在各个小组的同学可以开始自我介绍了!

(学生开始自我介绍)

主持人：请大家停下来！我看得出同学们交流得非常热烈，也非常成功。经过刚才的自我介绍，我想各小组内部的同学之间应该已经比较熟悉了。现在，我们就请各小组的代表向大家介绍一下自己，让全班同学认识认识你。哪个小组的代表先来？

组长G：老师，我们小组先来。我坐在来自莘县××乡××中学，喜欢唱歌、跳舞、体育的赵××旁边的，来自莘县××乡××中学，喜欢读书、上网的李××旁边的，来自莘县××乡××中学，喜欢踢球的王××旁边的，来自莘县××镇××中学，喜欢旅游的李××旁边的，来自莘县××乡××中学，喜欢交朋友、书法的谢××的旁边。我来自莘县××乡××中学，喜欢读书、听音乐，叫马××。认识我是你的荣幸。我的优点很多，先说三个：一是人缘好，朋友多；二是喜欢画画，初中的时候班里的黑板报都是我负责的；三是学习上有自己独特的方法。

G组学生：厉害，厉害。你把咱们小组的人名都记下来了！鼓掌，鼓掌！

（其他各组略）

主持人：生活因你而精彩，刚才看了各位组长介绍自己的组员，我想起了这样一个笑话。某班开学第一节课，同学们做自我介绍。首先上来的一个非常阳光的男生说："同学们，大家好，我叫尤勇，我爱下棋。"然后一个女生非常羞怯地上台介绍自己："我叫夏琪，我喜欢游泳。"

（全班爆笑）

现在，让我们大家再来介绍一下自己，让我们也来"游泳爱下棋"！

（学生自我介绍，全过程略）

主持人：刚才同学们做了自我介绍，说得都很好。从大家的介绍中，我发现，同学们优点特多，爱好广泛，看来我们5班真是藏龙卧虎啊！我期待着同学们在最后一个环节中的精彩表现。不过，我们得先进行第三个环节的活动。请看大屏幕。

第三环节：送给同学一句话

（展示课件）

活 动 要 求

1. 每个同学对本组同学说一句话，名言、警句、祝福均可。6个人不能说重复的话。

2. 每个组找一个代表，把本组同学说的让你最有感触的、最有意义的一句话告诉全班同学，并要说出这句话是哪位同学说的。

（学生们准备）

主持人：同学们，请安静。下面，从这边这个小组开始，按照顺时针方向，依次说出你自己认为的、本组同学说的最有意义的一句话，并要说出这句话是哪位同学说的。开始吧！

学生5：我们组的王××说的一句话，让我觉得最有感触。她说的是："活出自我，不要活在别人的影子里。"

学生6：最让我有感触的是李××说的，这句话是雨果的名言："让自己的内心藏着一条巨龙，既是一种苦刑，也是一种乐趣。"

学生7：最让我有感触的是我们组的刘××说的话。（本组学生："原来是你自己啊！哈哈哈！"其他学生也笑了）不好意思，我觉得还是我自己的这句话让我最有感触。这句话是培根的名言："读史使人明智，读诗使人聪慧，演算使人精密，哲理使人深刻，伦理学使人有修养，逻辑修辞使人善辩。"

学生8：我想说的是卡内基的一句名言："一个不注意小事情的人，永远不会成就大事业。"这是我们组的秦××说的。

学生9：我觉得我们组的姬××说的一句话让我最有感触，他说的是："态度决定高度，细节决定成败。"

学生10：我们组的张××说的是："勤奋，是步入成功之门的通行证。"

学生11：最让我有感触的是李××说的一句话："不为失败找借口，只为成功想办法。"这句话太对了！

学生12：我们组的邹××说的一句话让我最有感触。她说的是："坚定的信心，能使平凡的人们做出惊人的事业。"

主持人：同学们说得都很好，都很有教育意义。希望同学们把这些话都写下来，相互交流学习。同学们，我们的班会进行到这里，已经接近尾声，也就是到了最后一个环节。第四个环节是什么呢？刚才我已经说了这个环节需要发挥你们的特长，是展示你们特长的环节。请看大屏幕。

第四环节：我们小组最优秀

（展示课件）

> **活 动 要 求**
>
> 每个小组的同学合作准备一个节目。内容积极健康，形式不限，唱歌、跳舞、小品等都可以。
> 准备时间：5分钟。
> 表演要求：小组成员必须全体参加。

主持人：请同学们看清楚活动要求，准备的时间是5分钟，而表演的时候小组成员必须全体参与，一个都不能少。因为这是考验整个小组所有成员的活动，所以每个同学都要用心、认真、积极地参与。各小组现在开始准备。

（5分钟的时间很快就到了）

主持人：好了！现在我们来欣赏各小组的精彩表演。这次我们从这边这个小组开始，按照逆时针方向，各小组依次表演。

一组组长：我们组的节目是歌曲《朋友》小合唱，周华健的。"这些年一个人"，唱！……

全班学生：好！

主持人：我们从此一家人，大家都是朋友，以后的高中生活我们将一起走过，无论风风雨雨，伤痛快乐，我们一起承担。下一组！第三组请做好准备。

二组组长：我们给大家准备的节目是诗朗诵。节目的名字叫"古诗串烧"。现在开始。

诗朗诵开始：（6个人，每人依次说一句）

两个黄鹂鸣翠柳，一行白鹭上青天。窗含西岭千秋雪，门泊东吴万里船。
两个黄鹂鸣翠柳，此曲只应天上有。春日凝妆上翠楼，烟花三月下扬州。
深锁春光一院愁，金陵津渡小山楼。蜻蜓飞上玉搔头，惟见长江天际流。

朗诵完毕，谢谢！

学生：读的什么啊？就前四句听懂了，后面好像乱套了。

二组组长：呵呵，后面就是乱套了。我们是故意这么做的。我们集思广益，把大家能够想起来的压"iu""ou"韵的诗句集合到了一块儿，凑成了这个节目。让大家见笑了。

主持人：不容易啊！能够在这么短的时间里，把这么多压同样韵脚的诗句找出来，很不简单！可见，你们这一组的同学掌握的唐诗不少啊！刚才有同学说没有听懂，请你们明天把你们朗诵的这些诗句的原诗写出来，贴在教室后面的墙上，让同学们都看看，学习学习。好不好？

第二组学生：好！

主持人：接下来我们看第三组的同学给大家带来了什么节目。第三组，请！第四组同学做好准备。

三组组长：我们三组表演的节目是歌曲《小草》小合唱。

学生：歌太老了，能不能换一个流行的啊？

主持人：这首歌可不老，它才30岁。小草的生命力是很顽强的，"野火烧不尽，春风吹又生"。《小草》这首歌的生命力也很顽强，已经流传了很多年，是一首非常经典的歌曲。今天我们再认真地听听这首歌，一定会有很深的感触。希望同学们认真听，请三组的同学开始演唱吧！

（三组演唱）

四组组长：老师好，同学们好。我们表演的是"五句半"，节目的名字就叫"五句半"。现在请欣赏。

学生：我们听说过"三句半"，没听说过"五句半"，是不是瞎编的？

四组组长：不是瞎编，是创新！今天就让你"见识"一下什么是"五句半"。从左至右，开始！

今天来到莘县二中,
明天军训不太轻松。
咬紧牙关坚持到底,
当今天下我是英雄。
是骡是马现在溜溜,
肯定行!

主持人:是啊,明天就要开始不太轻松的军训了,大家要有吃苦的心理准备。四组同学的节目给我们鼓了劲儿,我相信在军训中我们大家都是英雄!下面,请五组的同学表演。

五组组长:我们表演的节目是"鸭子舞"。

学生:哈哈哈,鸭子舞?我还是第一次听说。

五组组长:那是你的见识短,呵呵。下面请欣赏五组的同学带给大家的舞蹈——鸭子舞。准备,开始!

张张嘴巴,一、二!
扇扇翅膀,一、二!
摇摇尾巴,一、二!
啪,啪,啪,啪!

再来一遍!……

速度加快!……

第六组组长:该我们六组了!我们小组的节目是歌曲《大中国》演唱。"我们都有一个家,名字叫中国",唱!……

全班学生:好,好!

主持人:唱得很好!声音洪亮,也有感情。中国,是我们的家,我们要爱她、祝福她。现在,二中也是我们的家,2011级5班也是我们的家,我们也要爱她、祝福她,我们要用我们的真心真情建设好我们的家。下面请七组的同学表演。八组做好准备。

七组组长：老师好，同学们好！我们小组给大家表演的节目也是歌唱，歌曲的名字叫"真心英雄"。"在我心中曾经有一个梦"，开始！……

　　主持人："不经历风雨怎么见彩虹，没有人能随随便便成功"，对我们每个人来说都是如此。我们的高中生活刚刚开始，每个同学可能都有自己的梦想，对高中生活做出了规划，制订了奋斗目标。这些梦想、目标、规划的实现，需要我们脚踏实地，一步一个脚印地努力拼搏，需要我们付出汗水和心血，需要克服一个又一个艰难险阻。唯有如此，我们才能最终成为"真心英雄"。让我们把掌声送给七组同学，感谢他们给我们带来的《真心英雄》！

　　主持人：下面我们热烈欢迎八组同学给我们表演。

　　八组组长：大家好！我们表演的节目是歌曲《雾里看花》演唱。"雾里看花，水中望月"，开始！……

　　全班学生：好！好啊！

　　主持人：八组的同学们唱得也很好！世事变化莫测，世界纷繁复杂，要想"看个清清楚楚明明白白真真切切"，我们就需要一双"慧眼"。那么，我们怎样才能得到这双"慧眼"呢？是不是像歌里唱的那样去"借"一双呢？借了东西是要还的。我认为还是自己拥有一双"慧眼"的好！这双"慧眼"，必须通过我们自己的努力去获得，这就需要我们在今后的日子里好好学习，多掌握知识，提高自己的能力，不断提升自己的综合素质。

　　同学们，各小组的表演结束了，我们的班会也接近了尾声。通过今天的几个活动，同学们增进了对彼此的了解，建立了友谊，我相信在今后的学习生活中，大家的友谊会不断巩固和加深，同学们之间会更加团结、互助、友爱；同学们对我们5班这个大家庭也有了初步的认识，我相信在以后的学习、生活中，同学们一定能够用自己的爱心、真心、信心把我们这个大家庭建设得更加温馨、幸福。我相信，每个同学都在今天的活动中有了自己的收获和感想。请同学们把自己的收获和感想用笔写出来，同时把你对咱们5班的期望也写出来，我们将在下次班会的时候进行交流和探讨。

　　好了，同学们，让我们起立，手拉手，一起跟着视频唱《相亲相爱一家人》，大声唱，不要怕跑调。让我们在歌声中结束这次班会。

【班会总结】

这次班会是为高中一年级刚刚入学的新生设计和组织的。我认为这样的班会同样适用于初中一年级和中职学校刚刚入学的新生。因为无论哪类学校的新生，在入学之初，面对新环境，都会有紧张、不安、不适等心理；而每个接手新生的班主任也都面临着帮助学生消除心理负担、尽快适应新学校新阶段的学习生活、挑选合适人选组建班委会等问题。所以，举办这样的主题班会是非常必要的。

这次主题班会的气氛一直是热烈、活跃的，班级氛围是民主、尊重和平等的。学生一直很兴奋、很开心，学生之间的交流是真诚、有效的。在这次班会的各项活动中，学生能够积极主动地参与进来，勇于奉献他们的智慧和力量（突出表现在最后一个环节的节目表演中），培养和锻炼了他们的合作能力、组织协调能力；学生对班集体有了初步的感情和归属感，有助于消除其紧张、不适、不安、焦虑、烦躁、苦闷和孤独等不良情绪。而对于班干部人选，班主任也通过活动中学生的表现做到了心中有数，为下一步班委会的建立打下了基础。应该说，这次主题班会达到了预期目的。

当然，想通过一次班会就把学生的不良情绪消除殆尽，"毕其功于一役"，是不可能的。班会之后，班主任还要及时和学生交流沟通，对学生的思想进行疏通，尽快消除其不良情绪，使学生以积极健康、乐观向上的心态投入到刚刚开始的高中生活中去。而对于初定的班干部人选，班主任还要与他们谈话沟通，对他们做进一步的了解，才能最终确定班干部名单。这也正是下一阶段班级管理工作的重点。

（山东省莘县第二中学城区校区政治教研组　冯秀丽　邮编：252400）

操作提示

1. 事先要找部分学生沟通，不然临时表演难免出现冷场。
2. 设计的各个环节要简单，要让大家有话可说。
3. 教师可以自己担任第一次主持人，这样可把握局面。也可以让大家自主报名，这样更显自主色彩。

二、思想教育性主题班会

高中生活该如何起航

【推荐理由】

思想教育性主题班会是老师们实际工作中的一个难点。老师讲得太多，学生被动接受，很难有参与热情。学生不参与，教育始终是隔靴搔痒，达不到预期的目标。老师讲得太少，目的又难以达到。因此，很多老师就在两难之间，不知道该如何抉择。

本文作者——上海市晋元高级中学的王华老师，准确地把握住了思想教育性主题班会教师引导、学生参与的特点，在班会课上，从确立目标、提升能力、夯实基础、发展特长等方面，和学生展开了深入的讨论。在学生能够想到的地方启发，在学生想不到的地方点透，做到了讲与不讲、学生悟与思考的平衡，因而很有借鉴作用。

本文所选择的内容，是一般班主任开学初对学生讲的、不能避免的问题，想"偷懒"的班主任可以直接照搬。

【适用时间】高一第一学期新生入校之后

【班会背景】

《国家中长期教育改革和发展规划纲要（2010—2020年）》"战略目标和战略主题"章节中指出：要坚持德育为先，坚持能力为重，坚持全面发展。这是对素质教育新的阐释，体现了党和国家对人才培养的战略规划。

高一学生步入新的学校，班主任应该指导他们根据党和国家对人才培养的战略规划，思考、制订自己的新学期计划，规划自己的美好人生，为此我设计了《高中生活如何起航》班会课，帮助刚进入高中学习的学生思考如何确立正确的目标；如何提升学习能力、实践能力、创新能力、独立生活能力以及人际交往能力；如何夯实基础，发展特长。

【班会目的】

1. 通过具体事例，教育引导学生确立正确的奋斗目标。

2. 指导学生在文化学习、班级活动、学校生活中努力提升学习能力、实践能力和创新能力。

3. 指导学生夯实基础，发展特长。

【重点难点】

1. 如何把班主任老师对学生的良好愿望化为学生能够接受的行动。

2. 如何让学生乐意接受班主任对他们的期望。

【课前准备】

1. 搜集生活中有关确立目标、提升能力、夯实基础、发展特长的名人论述及典型事例。

2. 搜集学生开学以来军训和班级活动的图片资料以及励志的歌曲。

3. 准备与主题相关的PPT和视频。

【设计思路】

1. 从谈理想导入课题——高中生活该如何起航。

2. 结合学情，提出建议——重点要做好以下三方面的事：①确立目标；②提升能力（如学习能力、实践能力、独立生活能力、人际交往能力、创新能力等）；③夯实基础，发展特长。

3. 总结全课，明确要求——如何落实上面三方面的事情。

4. 布置作业——请同学们回去写一篇周记《高中生活应这样起航》，写下自己的思考。

【班会实录】

一、导入

同学们经过幼儿园、小学、初中多年的学习，今天终于走进高中的校园。渐渐强健的身体告诉我们，我们长大了；日渐成熟的心理告诉我们，我们长大了；父母期待的眼神告诉我们，我们长大了！

高中是我们进入大学前的一个重要阶段，也是我们走向社会的准备阶段，它

对我们成长的意义非同一般。那么，我们的高中生活应该怎样开始？我们的理想之船应该怎样起航呢？（板书：高中生活如何起航）

二、结合学情，提出建议

我认为，高中阶段的开始，重点要做好以下三方面的事：①确立目标；②提升能力（如学习能力、实践能力、独立生活能力、人际交往能力、创新能力等）；③夯实基础，发展特长。

（一）确立目标

我想提出一个问题："为什么高中伊始要确立目标？"

（学生讨论，各抒己见。请部分同学做发言交流）

同学们的讨论很热烈，我想首先与同学们分享一个调查报告，那就是著名的哈佛大学的调查报告《成功与目标》。

1. 介绍哈佛大学调查报告《成功与目标》。

哈佛大学有一个非常著名的关于目标对人生影响的跟踪调查，对象是一群智力、学历、环境等条件都差不多的年轻人，调查结果发现：

27%的人，没有目标；

60%的人，目标模糊；

10%的人，有比较清晰的短期目标；

3%的人，有十分清晰的长期目标。

经过25年的跟踪调查发现，他们的生活状况十分有意思：那3%的人，25年来几乎都不曾更改过自己的人生目标，他们始终朝着同一个方向不懈地努力，25年后，他们几乎都成了顶尖成功人士，他们中不乏行业领袖、社会精英。

那10%的人，大都生活在社会的中上层。他们的共同特点是：那些短期目标不断地被达成，生活质量稳步上升，他们成为各行各业不可缺少的专业人士，如医生、律师、工程师、高级主管等。

那60%的人，几乎都生活在社会的中下层，他们能安稳地生活与工作，但都没有什么特别的成就。

剩下的27%的人，他们几乎都生活在社会的最底层，他们的生活都很不如意，常常失业，靠社会救济，并且常常抱怨他人、抱怨社会。

调查者因此得出结论：目标对人生有巨大的导向作用。成功在一开始仅仅是一个选择。你选择什么样的目标，就会有什么样的成就，就会有什么样的人生。

什么是成功？成功就是达到既定的有意义的目标。

没有目标，就无所谓成功。所以我们说：成功的起点从确定目标开始。

2. 如何制定目标。

既然目标如此重要，那么我们应该怎样制定目标呢？我认为：

（1）目标要明确。

诸如"我想考上大学""我希望过幸福的生活"之类的目标都是不够明确的。你究竟想考什么样的大学？重点大学、普通本科，还是专科？如果是重点大学，是北京大学，还是复旦大学？什么样的生活才算是幸福的生活？这些必须要弄清楚。目标越明确，越容易执行。

（2）目标要合理。

确定目标一定要符合自己的实际水平，可以略高于自己的能力。作为努力的动力，目标不能过高，超出能力范围，自己根本达不到，其实就等于没有目标。

（3）目标要形象。

你还可以把你的目标用文字、图片的形式表现出来，比如你的目标是考取复旦，你不妨给自己写个口号："考进复旦！"还可以找来有关复旦校园风景的图片，贴在墙壁上或桌子上，常常看。

（4）目标要形成计划。

如果没有一个切实可行的计划，你的目标只能是空中楼阁、海市蜃楼。

（5）目标要落实。

要严格执行计划，每日检查计划的落实情况，并要鼓励自己：做好了今天的事，我又向目标靠近了一步！

（二）要努力提升各种能力

仅仅有目标还不够，要实现目标，还要有能力作为支撑。在高中生活中，我们需要提升哪些能力呢？我认为主要应提升以下几种能力：学习能力、独立生活能力、人际交往能力和创新能力。现在我们将问题分至各组，各组重点思考，然后我们一起讨论。

（布置各组讨论）

1. 讨论"学习能力的重要性及如何提高"。

（请第一小组同学发言）听了第一小组的发言，我想强调的是：

（1）学习能力的重要性。

今天的世界已进入知识经济时代，这是一个知识爆炸的时代。新知识不断涌现，旧知识折旧加速。21世纪知识更新的速度像磁悬浮列车一般，风驰电掣，我们面临着愈演愈烈的竞争和压力。正如英特尔总裁格鲁夫所说："在这个快速变化的环境中，面对这么多强劲的对手，我们要始终保持持久的竞争力，唯一的办法就是比别人学得更快。"

学习能力，就是以最快捷的速度、最简便的方法、最有效的形式获取准确的知识和信息的能力。不管是英特尔公司，还是微软公司，它们之所以能走到当代世界经济的最前面，就是因为它们拥有最先进的知识和创新意识。而知识和创新不是凭空产生的，它一定是通过学习才能得到的，谁的学习能力强，谁获得的知识就多；谁的知识多；谁的竞争力就强，谁就能够抢占竞争的制高点。

据统计，美国现在排名最前的25家企业中有80%正在运用学习型组织理论管理自己的企业，如杜邦、英特尔、苹果电脑、福特汽车、GE公司以及摩托罗拉等。在新浪，推崇的是"学习能力"重于"专业和工作经验"。作为新兴的高科技行业，从业人员的经验并不是重要因素，因为大家其实都在摸着石头过河，比如彩信、彩铃，都是最近两三年才出现的，做这一行有一年的经验就已经很难得了。而一个员工，如果具有一定的理论基础和良好的学习能力，用所学知识结合实践能够很快地适应岗位的要求，就能做得非常优秀。高科技的迅猛发展令人眼花缭乱，如何适应这日新月异的世界，在千帆竞技的大潮中稳居潮头，关键要看我们是否具有超前的学习能力。

（2）高中生如何提升学习能力。

爱因斯坦有个成功的公式：$A = X + Y + Z$。A代表成功，X代表艰苦的劳动，Y代表正确的方法，Z代表少说废话。这个公式指明事业成功的三要素。对于学业来说，成功也有三要素：学习成功＝心理素质＋学习方法＋智力素质。

①增强心理素质。明确学习的动机，提高学习的兴趣，培养学习的热情、意志和态度。只有动机明确了，才能端正学习态度，热爱学习，才会调动热情，发奋努力地学习。

②掌握科学的学习方法。比如要加强预习、听课效果，掌握正确的做作业的方法、复习的方法。（请班级学习状元杨思雨同学简介学习经验）

③发展智力，提高能力。发展观察力、提高记忆能力、发展思维能力、发展想象能力、培养自学能力。

2. 讨论"独立生活的重要性及如何增强独立生活能力"。

（请第二小组同学发言）听了第二小组的发言，我想强调的是：

（1）独立生活的重要性。

易卜生曾经说过："世界上最坚强的人就是独立的人。"是的，因为自立的人才能有所作为，自立的国家才会不受欺负，实现繁荣富强。陶行知先生也说过："滴自己的汗，吃自己的饭；靠人，靠天，靠祖上，不算是好汉。"这些都说明了人要学会自立，更要懂得自立，因为总有一天我们会长大，许多事情都要自己解决，自己面对。我们不能事事都依赖他人，不懂得自立就会被社会淘汰。

当一个学生走出家庭，进入学校，他必须要面对他人，必须要学会融入社会，学会自己照顾自己，学习自立自强。我们寄宿制学校的学生，更应该学会独立生活、自立自强。

（2）如何培养独立生活能力？

①从思想上培养责任意识。责任感就是自觉地把自己的事做好的意识。一个人的责任感强烈与否，在很大程度上决定着他独立生活能力的形成，只有树立强烈的社会责任感，一个人才能敢于面对生活的挑战，独立承担责任，并很好地生存、生活下去。现在我班男生寝室的内务不如女生。我建议男生内务不好的寝室的寝室长，要向女生寝室长请教，思考如何增强责任意识，做好工作。

②在生活中培养劳动观念。有了劳动的观念，才能使我们热爱劳动，培养独立劳动的能力。劳动观念不是一朝一夕就能形成的，要从点点滴滴的小事做起，在长期的生活实践中逐步培养。我们要充分利用各种机会，不管是在学校，还是

在家中,都要做一些力所能及的体力劳动,感受劳动的艰辛和劳动成果的来之不易。(请劳动委员毛静谈班级值日中出现的问题,并分析原因)

③在学习中培养独立思考的能力。独立思考问题,是独立解决实际问题的前提条件。一个人如果不善于独立思考问题,那么他面对新问题将一筹莫展,束手无策。当然,独立思考并不等于刚愎自用,而是要善于对问题做出分析,做出正确的判断和选择。(请学习委员谈我们班在这些方面存在的问题及解决策略)

④在意志和毅力方面,培养不怕困难、顽强拼搏的精神。

3. 讨论"人际交往能力的重要性及如何加强"。

(请第三小组同学发言)听了第三小组的发言,我想强调的是:

(1) 人际交往能力的重要性。

曾经有一则报道:1986年3月28日,在日本著名的科学城筑波,已经有三批科技人员自杀。那么究竟是什么原因造成的呢?经过考察,人们发现:这个完全现代化的科学城,由于建筑间隙过大,每座楼房都被绿茵环抱,彼此几乎隔绝,而且科技人员们都很杰出,不屑于与他人合作,这使人与人之间的感情交流几乎被降到了最低点。加上有一年一度的科技成果报告会,人们为了在各自的领域拔尖,彼此封闭,老死不相往来,难以形成充满人情味儿的人际关系,这可能是筑波城自杀者日益增多的原因所在。因此,为了推进共同的事业,为了创造和谐的生存环境,人们需要建立良好和谐的人际关系。

大量研究表明,人际关系影响着人生业绩,好的人际关系是取得成功的重要途径之一。

(2) 介绍高中生处理人际关系的方法。

我向大家介绍四个"要":要热情交往,要理解尊重,要以诚相待,要宽容谅解。

4. 讨论"创新能力的重要性及如何加强"。

(请第四小组同学发言)听了第四小组的发言,我想强调的是:

前一阶段,我们参加了我校"创新实验室"的揭牌仪式,我们班也是创新实验班,这就是说,我们身上又多了一份责任与使命。而飞速发展的时代要求当代高中生还要学习、增强一种能力——创新能力。

（1）增强创新能力的重要性。

创新能力是个体运用一切已知信息，包括已有的知识和经验等，获得某种独特、新颖、有社会价值或个人价值的产品的能力。

这个世界如果没有创新能力，便不会有今日人类的文明，可能人类还同猿猴一起过着原始的生活；如果爱因斯坦、爱迪生等人没有创新能力，他们何以取得巨大的成就？如果一个人不具备创新能力，可以说是庸才；如果一个民族没有了创新人才，它便是一个落后的民族。

创新能力是民族进步的灵魂、经济竞争的核心；当今社会的竞争，与其说是人才的竞争，不如说是人的创造力的竞争。

我们学校非常重视对学生创新能力的培养，为学生搭建了增强创新能力的平台，如头脑奥林匹克创新活动。

（学生观看我校2008年头脑奥林匹克比赛代表队参加第28届头脑奥林匹克比赛并获得世界冠军的录像剪辑）

我班也有同学参加了我校的OM队、机器人队，希望他们也能大有作为。

（2）培养创新能力的方法。

①在学习生活中，要培养自主、进取、勇敢和独立的人格。

②要有好奇心、自信心、想象力和表达欲。比如，要大胆发言，勤思考，多讨论，大胆质疑，逢事多问一个"为什么""怎么样"，自己拿主意，自己做决定，不依附，不盲从。

③积极参加学校为我们开设的"创新实验课程"，参加OM队、机器人队活动，利用这些方式，来开阔我们的视野、拓展我们的思维等。

（三）夯实基础、发展特长的原因及方法

1. 为什么要夯实基础，发展特长？

"水滴石穿""万丈高楼平地起"，学习也同样如此。众所周知，知识、能力、心理历来是制约考生考试成绩高低的三大主要因素。其中知识无疑又是首要因素，学科基础如果不扎实，能力再强、心理素质再过硬也只能是"巧妇难为无米之炊"。没有基础知识，学习就成了无源之水、无本之木。但基础知识的积累是为了在某一方面有更深入的研究，因此应在此基础上发展自己的特长。它是构成自身全面发展的一个部分，也是为以后规划职业生涯和走向社会做好准备的重要前提，特别是在就业形势越来越严峻的情况下，在高中时期就应该未雨绸缪，发展自己的特长。只有有了过硬的看家本领，才能立足于社会。

2. 怎样夯实基础，发展特长？

（1）书本是高中学习期间积累基础知识的重要方式之一，因此吃透每个知识点是达到"水滴石穿"的基石。当积累达到一定程度之后，通过梳理就可以形成一套知识系统。

（2）"兴趣是最好的老师"，特长的发展是首先由兴趣决定，然后根据社会发展需要和个人发展需要而选择的，因此应注重调动和培养自身兴趣并顺着兴趣发展。

（3）选择特长之后，还需要有坚定的信念，这样才能为达成目标而努力奋斗。

三、总结全课，明确要求

说起来容易，做起来难。

通过今天这次班会，我们探讨了高中伊始我们应该：①要确立明确的奋斗目标；②要努力提升各种能力（如学习能力、独立生活能力、人际交往能力、创新能力等）；③要夯实基础，发展特长。我希望同学们在今后的学习生活中，扬起理想的风帆，驾驭好你的小船，向美好的生活进发！

四、布置作业

请同学们回去写一篇周记《高中生活应这样起航》，写下自己的思考。

【班会总结】

高中生活如何起航？班主任可讲的内容非常多。我联系学生实际和工作需要，抓住三点：①确立目标；②提升能力；③夯实基础，发展特长。三点之间，①、②、③表明序列。各点之间详略不同，说得比较多的是提升能力，将能力细化为学习能力、独立生活能力、人际交往能力和创新能力。这种对能力的关注，既紧扣国家中长期教育改革和发展规划对人才的期盼，又针对当前学习生活和未来社会需要的实际。详略不同的处理也符合高中生的心理需求。

这节课师生互动较多,生动活泼。思想教育性主题班会以班主任主讲为主,因此容易成为班主任的"一言堂"。对此,在班会课上一定要加强师生互动,关注学生参与度。所谓"参与度",既指"面"(广度),又指"点"(深度)。这节课我注意就班级存在的问题展开讨论,而学校2008年头脑奥林匹克比赛代表队、创新实验班这些资源的运用,又深深吸引了学生,引发了学生的思考和讨论,学生的积极性被调动起来了,他们讲自己的实践,讲自身的体会,真切感人,班会课开得比较成功,有力地促进了班级精神的形成。

(上海市晋元高级中学　王华　邮编:200333)

【操作提示】

1. 预先设计讲话思路,预料多种可能性,尽可能把自己需要的材料准备齐全。

2. 高一新生刚进校,不知道怎么参与讨论,因此,有必要在班会之前明确班级问题讨论的基本要求,每个人必须发言,而且发言要列入期末成绩考核。没有围绕主题发言的学生将受到一定的惩罚。这样就从要求和措施上给学生以压力。事实证明,这一点是非常必要的。

3. 适当地引导学生,使他们的发言不离开主题,当学生聊天跑题的时候,班主任要及时恰当地拉回来。

三、日常事务型主题班会

和学生一起制定班规

【推荐理由】

1. 组建新班的时候,很多老师不知道如何带领学生民主地制定班规,而郑学志老师的这个主题班会,恰好给老师们详细地展示了一个优秀个案产生的过程，具有很强的可借鉴性。

2. 这个班会的叙述形式开创了主题班会记录的一个新的体例——叙事。主题班会不仅有剧本形式或者电视解说词形式，还可以有更灵活的方式。这也是体例上的一种突破。

【适用时间】高一第一学期开学第一周

【班会背景】

新班成立之初，没有班干部，学生之间也缺乏足够的了解，很多职位都是空缺的。如何依法治班，如何在规章制度建立之后依法选举班干部，就成为班主任急需解决的问题。在这种情况下，我召开了主题班会。

【班会目的】

1. 对学生进行民主思想启蒙教育，让他们明白，一个高效的班级不能靠班主任的人治，而是要靠法治建立起来。

2. 激发学生参与班级管理的热情，为下一步依法选举班干部打下基础。

【重点难点】

学生的民主启蒙意识如何唤醒。因为很多学生习惯于靠老师来管理自己，习惯于被动地遵守纪律，而不是把守纪当作自己应该做的事情，因此，其积极性、参与性都不够。要解决这个问题，就需要班主任积极地鼓动学生。

【课前准备】

1. 开会之前多与学生沟通，了解学生的真实想法。

2. 记住学生的姓名，以便在开会的时候能够准确地叫出来。

3. 了解有关民主和法治的材料，增强说服力。

【设计思路】

1. 和学生商量究竟要不要制定班规。

2. 和学生探讨什么样的班规才是有效的班规。

3. 让学生在明确思路后酝酿出台自己的班规。

【班会实录】

制定班规的事情我想了很久，主要是考虑三个问题：①这个班规由什么人制定；②什么时候制定；③制定之后如何执行。

为了让学生明白班规对集体的作用，我问了一个看起来和班规无关、实际上又密切相关的问题：你们想不想我们的班级是一个优秀的班集体？

"想——"都是高一新生了，没想到他们的回答整齐得令我吃惊。我原来想他们应该是随便和敷衍的，毕竟走到一起才不到一个星期，陌生的感觉还没有完全消除，还没有走过磨合期，任何应付的语言和表情都是我能够接受的。然而他们表现出的对建设优秀班集体的热情极大地鼓舞了我。一个叫黄玲的学生说，从优秀班集体里走出来，神色和表情都会不一样！

这个回答在我的意料之中，谁不愿意生活在一个美好的集体中间呢？但是我一定要问，因为这个问题让我和学生们明确了共同目标：建设优秀班集体。这个问题潜藏着一个答案：制定班规正是达到这一理想的必然途径。

但是，我没有一步到位地把答案说出来。我知道，在少数学生心里还存在着反对意见，只有把反对意见消除了，以后才能够顺利地执行班规。我进一步问他们："规则就是一种约束，有约束就会有处罚，到时候，处罚到了你们头上，你们还会这么洒脱吗？所以，我还有一个问题想问你们：你们真的希望制定那样一个班规吗？对于这个问题，你们可以不马上回答，也不要揣摩郑老师的意图而说违心的话。我要你们想好之后再回答。"

这时候，反对意见就开始露头了。黄河满不在乎地说："我觉得没有必要制定班规。制定班规，实际上就是对同学的不信任。我看过一篇文章，说一个小学校长要在学校里安装玻璃门，因为玻璃门好看，但是很多人持反对意见，他们认为孩子们小，不会懂得爱惜。校长坚持说，他相信学生们不会把门撞破。结果玻璃门装了三四年，一点都没有破。我觉得最好的班规，应该是相信我们能做得好，而不是处处限制我们。"

说完之后，他小心地看了看我。我知道他有顾虑，我不能让持反对意见的同学们有顾虑而隐藏想法。于是我表扬他说得对，并且反问："你觉得我信任你们吗？"他笑了，说我暂时还是信任他们的。"那就好，兄弟们。"我换了一个称呼，"我相信我们班上的同学都是最好的，而且我将对你们永远抱有信心！"

很多同学鼓起掌来。

王亚梅提出了和黄河相反的意见："我们不能够因为有信任，就不制定班规。

说穿了，班规也只是一种契约，就好像我相信你会还钱给我，但是我还是要在你借钱的时候让你写一张借条一样。刚才黄河同学说的玻璃门的故事不能够说明问题，如果玻璃门被人撞坏了，不是还有一个处理和赔偿问题吗？我们不能因为事情没有发生而不去预防它。班规不就是一个预防和处理措施吗？"

许雷同学小声地说："我还是觉得没有必要制定班规，反正都是老师说了算，要那么多规矩干什么？"

我鼓励他大胆地说出理由来。他说以前读初中时，班上也制定过班规，但是所有解释权都归班主任。评"三好学生"的时候，班规说由同学们投票决定，结果却是班主任一人说了算。这不正是一些班规不能够执行下去的原因吗？我表扬他说出了实话，并问同学们一个问题："假如班主任也要受到班规制约，我们需要一个什么样的机构来解释和说明班规中没有明确的问题呢？"

马上就有同学提到建立一个立法委员会，刘上海同学认为："'班规由班级大会解释'是一句空话，因为到时候根本来不及开会。应该成立一个立法委员会，独立于班委会之外，专门（负责）解释和补充班规，它的作用就是为班委会进行民主管理提供班级法规依据。它不做出解释，班主任和班委会都不能够擅自决定。"

——这个意见很好！

我问："那么谁想加入这个立法委员会呢？"马上就有人报名，结果采用民主投票的方式，只用了10分钟，就确定了立法委员会委员名单。他们是：立法委员会主任唐远帆，立法委员王亚梅、申波超、刘向和徐开华。他们的任务是在近期内负责把同学们制定班规的意见收集汇总。班规一定要体现出全体同学的意志，我非常赞同。

"同时，他们还要负责以后对班规中未做规定的事情做出合理的'司法解释'。"——刘亚红同学非常专业地说。之所以用"专业"二字，是因为她的"司法解释"一词用得非常准确，我表扬了她。

这解决了我想的第一个问题。

然后是第二个问题——什么时候制定完成？这一回没有用多长的时间，就已经初步决定了：在正式班委会选举之前，要把班规先制定好，然后再依法选举班委会的干部。"不然,到时候有些班干部临时更改班规,就不好执行了。"一些同学说。我也表示赞同,肯定了他们的想法。

最后,在班规可行性的问题上,我谈了三点意见:

第一,在征求意见的时候要广泛,也就是班规不仅要代表绝大多数同学的意见,还要尽量概括今后可能发生的违纪现象,"比如,如果班规里没有规定同学们不可以躺在寝室里读书,那么有同学天天在寝室里睡着不起来,我也没有办法批评你。为什么,你没有违反班规啊,我没有批评你的依据!"

学生们哈哈大笑起来,一些学生笑出了眼泪。我接着说:"所以,我们的班规要尽可能广泛,尽量不要有漏洞。"

第二,要有很强的操作性,班规的条文应该是对行为的约束,而不是对思想道德的提倡。"过去我看到有些同学的班规是这样制定的,'爱祖国,爱人民'……请问,你怎么知道别人爱不爱祖国、爱不爱人民?你敢说我不爱祖国、不爱人民?像这样的条文就无法监督,不具有可行性。又如'勤奋学习',这也不是可以监督的;如果写成'按时上课,按时完成作业',就具备可行性了。此外,班规的可行性还体现在要有一定的弹性,不能太绝对。学生当然应该按时交作业,但是总有一些特殊的原因——如生病啊、忘记带来啊、发生意外啊,等等,这样就不能按时交了。那么我们可以考虑这样规定:'每学期缺作业或者不按时交作业的次数不能超过两次。'当然,写三次或两次,可以根据大家的承受能力来定,但是必须写明'缺交作业必须向老师做出说明',这样是不是更符合实际呢?"

学生们纷纷点头,觉得我说得有道理。

"但是这样还不能说就具有可行性了。"我话锋一转,同学们"啊"了一声,觉得很奇怪。我继续发问:"没有说明违反了班规该怎么处罚怎么能行呢?"

"是啊,要处罚!"

"该怎么处罚呢?"

"罚款!""罚搞卫生!""罚做好事!"……

我说:"罚款是不允许的。劳动是光荣的,劳动创造了财富,是我们生存的手段,我们怎么能够用来作为惩罚呢?这不锻炼了人家谋生的本领吗?(学生大笑）好人好事，我们大家都要做，一罚，倒成了坏事情了，以后谁还做好事啊！"

"这也不行，那也不行，你说怎么办？"学生们这样说的时候，我忽然感到有点悲哀，我们的一些老师，以前就是拿这样的惩罚手段来"教育"孩子的，除了这些办法，他们就提不出其他办法吗？

我没有直接回答他们。

"英国有一句名言：All those things are to be answer for。也就是说，所有的这一切都需要付出代价。我主张教育应该有惩罚，没有惩罚的教育是不完整的教育。规则社会，就需要我们为自己的不规则行为埋单。但是，处罚不是体罚，不是罚款，而是一种补偿。我想，能不能这样，我们的处罚既有精神的，也有物质的。如果你的违纪给大家带来了精神上的损害，那么就罚你给大家唱一首歌，以表达你的歉意。如果你卫生值日没有做好，那么就重做一次，你们说呢？我提倡用积极的方式弥补过失，你们认为呢？"

学生们恍然大悟："是的。""应该这样。"

临下课前，我抓紧时间给他们说了关于增强班规可行性的第三点意见。我不喜欢拖堂的老师，从小就恨。上厕所、找同学，就只有课间那短短的10分钟，你还拖什么堂呢？无论多重要的内容，我都要在下课铃响之前讲完。

"除了广泛性和可行性外，我们还要注意班规的制约性，也就是说，班规对我们每个人都是一样的，是约束每一个人的，包括班主任。"我多次说过，总统是靠不住的，老师也是靠不住的，只有集体的智慧和意志以及体现这些智慧和意志的制度，也就是班规，才是我们班成为一个优秀班集体的保证！在这个制度下，我将和学生们一起成长。

最后，由立法委员会的学生收集整理班规。我看了一下，他们在班规的第三章里明确提出了对我的约束：

第四条：班级大会是班上的最高权力机构，所有重大的原则性问题和事务，都必须经过班级大会表决，过半数赞成通过。

班级大会对班主任有提出建议权和监督权，可以否决班主任不恰当的决议。

班级大会可以选举和罢免班干部。选举班干部要票数过半；罢免班干部要有超过1/3的同学赞成，才能够进入罢免程序。罢免班干部，要得到班级大会过半数同意。

班级大会由班委会提议召开，或者由班级1/4的同学提议召开，班级大会由班长主持，班主任出席。

第五条：班主任是班级的带路人、班级事务的指导者，按照本条例规定管理班级事务。

班主任有权向班级大会提议任免班干部，有权向班级大会提交并审议通过关于班级事务管理的方案和文件。

班主任有义务向同学介绍法律、科技、教育、心理学和其他方面的知识，帮助同学扩大视野，树立科学的人生观。

【班会总结】

下课后，不少同学都对我说，原以为班规就是开学时老师给大家提几条规定，最多象征性地让同学们讨论讨论，然后叫大家照着做——以前就是这样的；没有想到，制定班规还有这么多讲究。他们觉得这样的班规真正是同学们自己制定的。

这正是我想要的结果。我想，这次班会之所以成功，有四个地方做得比较好：①不仅仅是出台一纸班规，更是着眼于学生自我教育和自我管理意识的唤醒与能力的培养；②不仅仅是让学生遵规守纪，更是着眼于教师和学生的共同成长；③不仅为了达到民主管理的目的，更着眼于民主教育——把制定班规的过程变成对学生进行民主精神启蒙的过程；④教师不仅口头上尊重了学生，而且让学生在民主生活中切实感受到了民主的好处。因此，这次班会成功地走进了学生的心灵。

（湖南省邵东县两市镇一中　郑学志　邮编：422800）

> **操作提示**
>
> 　　1. 牢固树立生本理念和民主思想。观点决定做法，只有当我们心目中有民主意识的时候，我们才会采取民主的方式来决定班级事务。
>
> 　　2. 平时要和学生多沟通，掌握他们内心的真实想法。
>
> 　　3. 班主任自己心中要对民主地制定班规有一个整体的规划和设计，心中无丘壑，笔下山水就不生动。因此，平时要加强这方面的阅读和学习。

四、心理辅导性主题班会

摆脱烦恼，选择快乐

【推荐理由】

1. 青春期的学生心理非常敏感，常会莫名其妙地烦恼，因此，对高中学生进行适当的心理辅导，帮助他们摆脱烦恼是非常必要的。从选题上说，这个案例值得推荐。

2. 本案例不仅传授给了学生心理学方面的常识——记住，我们不是心理学专家，更多的是传授常识性内容，这一点作者把握得非常准确——而且帮助学生建立了拒绝烦恼的操作模式。在实际操作上，此案例具有很强的借鉴意义。

3. 抽象的、枯燥的心理学知识变成了具体的、感性的、有趣的辅导课，本案例功不可没。

【适用时间】 高一第一学期

【班会背景】

每个人在生活中都会遇到烦恼。中学生生活经历比较简单，崇尚完美，敏感脆弱，很难理性客观地看待问题，常常陷入烦恼中不能自拔。帮助学生看到困扰自身的情绪问题，解决他们成长中的困扰是很重要的。

【班会目的】

1. 让学生认识到产生烦恼的情绪根源，学会自我理性调控；

2. 通过积极导向，树立只要转变自己看待事物的观念，就能选择快乐人生的健康理念。

【重点难点】

重点：让学生初步了解心理学中的非理性观念和认知调整模式。

难点：让学生学会运用认知调整模式，纠正自己的非理性观念，调整好自己的心态和情绪，做好情绪管理。

【课前准备】

课件，歌曲《最近比较烦》《幸福拍手歌》，小故事《杰瑞的选择》。

【设计思路】

1. 首先向学生说明什么是非理性观念，告诉他们，非理性观念常常是造成烦恼的根源。

2. 然后利用一个故事来说明，我们其实可以摆脱非理性观念，从而引进认知调整模式——ABCDE 模式。

3. 最后请学生分组讨论一个学生的案例，理论和实际相结合，让学生学会分析自己的非理性观念，解决生活中的烦恼。

【班会实录】

一、导入非理性观念

（以歌曲《最近比较烦》导入）

师：烦恼无处不在，每个人都有自己的烦恼，就如我们现在听到的这首歌里唱的那样"最近比较烦，比较烦，比较烦"。现在我想问大家两个问题：你有烦恼吗？你因何而烦恼？

学生1：有的时候想问题想得比较多，会觉得比较烦。

学生2：跟周围的人做比较，总想比别人好一些，谁知却比人家差，就会很烦。

学生3：有些问题解决不了，比如说打篮球的水平总也提不高。

学生4：有一次，一个好朋友骗了我，让我觉得很烦。

学生5：每天总有做不完的作业，再也不能像以前一样踢球、上网了。

学生6：现在我和父母的关系越来越糟，他们一点儿都不理解我，让我觉得很没劲。

学生7：最近不知怎么了，脸上老长痘痘，挺郁闷的。

师：大家说到了自己的烦恼，但都没有说出烦恼的原因。古罗马哲学家爱比泰德说："人的烦恼并不是起源于事件，而是起源于他对事件的看法。"我们要解决烦恼，就要找到烦恼的根源，从根本上解决问题，做一个快乐的人。现在，我给大家介绍一个自我认识烦恼的法宝，大家要不要听啊？

学生（齐）：要！

二、介绍非理性观念

师：美国临床心理学家艾利斯（Albert L. Ellis）于20世纪50年代创立了ABC理论。A（activating event 的第一个英文字母）指特定的诱发性事件，C（consequence 的第一个英文字母）指情绪的行为后果。我们通常认为是由于事件导致了不良情绪，实际上，真正影响人情绪的是当事人对该事件的看法，也就是ABC理论中的信念B（belief 的第一个英文字母），而非事件本身。

今天，我们就来把那些不正确的、非理性的观念寻找一下。

困扰情绪的非理性观念共有以下三种。

（1）绝对化要求。以自己的意愿为出发点，对某一事物怀有认为它必定会发生或不会发生的信念。如："别人必须对我好。"

（2）过分概括化。这是一种以偏概全，以一概十的不合理的思维方法。如："我连这道题都不会做，真是个笨蛋！"

（3）糟糕至极。有这种观念的人认为，发生不好的事情将是非常可怕、非常糟糕的，甚至会是一场灾难。如："我竟然没考上大学，天下没有比这更糟的事了！"

师：同学们有没有这三种非理性观念呢？请大家来说说。

学生1：我经常会有第二种非理性观念，尤其是在考试没考好或者作业出错时会这样想。

学生2：有时我会有第一种情况，比如说，凡事都希望达成自己的愿望，而且看问题很绝对化。

学生3：我心态不好，一出了什么事，就会想得很糟糕。

师：是啊，真正让我们烦恼的，不是那件事情有多可怕，而是我们自己内心的魔鬼在作怪。这些不正确的看法，我们把它们叫作非理性观念，是它们影响了我们的情绪。那么，怎样才能摆脱这些非理性观念呢？

三、如何摆脱非理性观念

（阅读故事《杰瑞的选择》，看一看故事的主人公杰瑞有哪些非理性观念，他又是怎样摆脱这些非理性观念的）

杰瑞的选择

杰瑞是美国一家餐厅的经理，当别人问他最近过得如何时，他总是有好消息可以说。

这让我很好奇。有一天我到杰瑞那儿问他："我不懂你为什么老是那样积极乐观，你是怎么办到的？"

杰瑞回答："每天早上起来我就告诉自己，我今天有两种选择，我可以选择好心情，或者选择坏心情，我总是选择好心情；假如有不好的事发生，我可以选择做个受害者，或者选择从中学习，我总是选择从中学习；每当有人跑来跟我抱怨，我可以选择接受抱怨，或者指出生命的光明面，我总是选择指出生命的光明面。"

"但并不是每件事都那么容易啊！"

"的确如此，"杰瑞说，"几年前，我在另一个城市工作。有一次，由于我的失误，工作上出了很大的问题，我受到了老板的严厉批评。一直以来，我对自己都非常严格，总是要求自己每件事都必须做到最好。所以这对我打击很大。那段时间，我觉得自己的人生一片灰暗，前途全毁了，老是想：我怎么会犯这样的错误呢？我简直就是个笨蛋！我整日喝酒，借酒浇愁，这样的日子过了将近一个月。"

"那后来你是怎么振作起来的呢?"我问他。

"直到有一天,我醒来时,看到阳光正照在我的床头。我告诉自己:再也不能这样下去了!于是,我问自己:是不是有人能做好每一件事?答案当然是否定的。你是知道的,把每件事情都做到十全十美的,在现实中根本就不存在!"我点头表示赞成。

"然后,我接着问自己:我犯了错误,是不是一定意味着就做不好其他事情了?答案当然也是否定的。想到这里,我似乎轻松了很多。"

之后,杰瑞坐下来,拿出一张纸,列出自己以下的优势。

(1)老板尽管对我的错误非常生气,甚至严厉地批评了我,但并没有解雇我,说明他还是相信我的能力的;

(2)我的妻子从来没有为我的错误或我的沉沦而责怪我,说明她始终爱我、支持我;

(3)我的经验非常丰富,受到大家的尊敬和爱戴。

此后,杰瑞完全转变了自己的观念,他的烦恼也完全消失了。他非常努力地工作,做得非常出色,所以现在被派到这个餐厅做经理,全面负责餐厅的事务。

"生命就是一连串的选择,每个状况都是一个选择,你选择如何响应,你选择人们如何影响你的心情,你选择处于好心情或是坏心情,你选择如何过你的生活。"杰瑞这样告诉我。

杰瑞让我明白:每天你都能选择享受你的生命,或是憎恨它。这是唯一一件真正属于你的权利,没有人能够控制或夺去的东西——你的态度。

师:刚才我们已经阅读了《杰瑞的选择》,现在我们一起来分析一下,看看故事里的杰瑞有哪些非理性观念。

非理性观念:

我必须做好每一件事情。

我竟然会犯这样的错误,我简直是个笨蛋!

师:我们再来看看他是如何摆脱这些非理性观念的。

解决的方法:

（1）问自己：是不是有人能够做好每一件事？

是不是我没有做好这件事，就不能做好其他事了？

（2）坐下来，列出自己的优势：

①老板尽管对我的错误非常生气，甚至严厉地批评了我，但并没有解雇我，说明他还是相信我的能力的；

②我的妻子从来没有为我的错误或我的沉沦而责怪我，说明她始终爱我、支持我；

③我的经验非常丰富，受到大家的尊敬和爱戴。

师：这个故事其实很好地体现了心理学中的认知调整模式——ABCDE 模式。

（课件展示 ABCDE 模式内容）

> 在这个模式中，A 代表"特定诱发性事件"；B 代表"当事人对该事件的观念"；C 代表"情绪的行为后果"；D 代表"同不合理的信念辩论"；E 则代表"通过疏导产生积极的情绪和行为"。
>
> 这个认知调整模式告诉我们，要想纠正或者摆脱非理性观念，首先要同不合理的想法辩论，然后再积极疏导，从而产生积极的情绪和行为。

四、联系实际分析自己的烦恼

师：下面我们运用刚才所学的认知调整模式来解决一些具体的问题。

（出示案例）

我是一所重点中学高一的学生。在小学和初中阶段，我一直在各种考试中名列前茅，但我发现，在这所高手如云的重点中学要想一直保持领先地位并不容易，在前段考试中，数学、物理两门课我都没考好，排名一下子就落到了班级二十多名。我感到很伤心，周围同学看我的眼光也发生了变化。而且不知怎的，我觉得他们一直在盯着我看。我现在整天都感到压抑、紧张。班主任老师找我谈话，鼓励我好好努力，他相信我有能力再取得好成绩。我知道必须努力赶上去，可我不知道该怎样做，上课——特别是数学、物理课——时我竟会不停地开小差，现在我的成绩越来越差，真不知该怎么办。

师：大家分组讨论一下这个案例中"我"有哪些非理性观念？

生：非理性观念有：①我必须学好所有学科；②我应该一直名列前茅；③失败了别人一定会盯着我看。

师：假如我们中的一人就是案例中的"我"，其他同学该如何对"我"进行辅导呢？

学生讨论：

（1）从旁观者的角度指出这些观念的不合理之处；

（2）为"我"开出快乐处方，即找出使人振作、快乐起来的信念。

师：对啊，这正是我要说的，大家已经无师自通了。好，现在，假设我就是案例中的那个学生，哪位同学来开导开导我？

师：唉！最近烦死了，以前我的成绩还不错，现在却越考越差，我都没法面对自己、面对爸妈了！

开导学生：别这样，谁都会有考差的时候。

师：谁都可以考差，唯独我不行！以前在初中时，我从来没有下过前三名。可现在，大家都盯着我，真让我受不了。

开导学生：别这么夸张好不好？谁盯着你了？大家忙自己的学习还忙不过来呢！你太紧张了。这样，我们到操场上散散步，边走边聊？

（想象在操场上）

开导学生：我觉得没有人可以一直门门拔尖，成绩永远保持第一。你见过这样的人吗？

师：这倒的确没有。

开导学生：成绩有起伏也是挺正常的。你看我，上次没考好，我学习更努力了，这次就有进步了。还有，你可以和我一样，参加学校的田径队，既可以发挥你跑步的特长，又能减轻压力，让你重新找回自信。

师：那我试试看吧！不过，学习上，你可得多帮帮我。

开导学生：没问题！

师：不错，非常棒！看来，无论什么事情，只要换一个角度去想，结果就可能截然不同。这就告诉了我们一个调适不良情绪的法宝——

（板书自我调适步骤）

> 1. 认清非理性观念；
> 2. 推翻非理性观念；
> 3. 产生积极的情绪；

师：现在我们来当自己的心理辅导老师。重新看看自己刚才写的烦恼的事和觉得烦恼的原因，找出其中的非理性观念，先推翻非理性观念，再找出自己的优势，帮助自己产生积极的情绪。好不好？

学生汇总考试没有考好的非理性观念：

（1）成绩必须超过别人，否则就糟透了。

（2）只有每门课都取得好成绩，我才有价值。

（3）这次没考好，说明我的能力很差，以后也同样会失败。

（4）不管考试前背得有多熟，到了考场上我就忘光了。

组织非理性观念辩论：

（1）成绩必须超过别人，否则就糟透了。——每个人的能力和特长都不一样，在有的方面可能优于别人，在另一些方面可能比不上别人，这是正常的。只要尽了最大的努力，即使考得不如人家又怎样呢？天又不会塌下来！

（2）只有每门课都取得好成绩，我才有价值。—— 考试只是检查学习成效的一种手段，考试成绩只能从一个方面说明学习中的成绩与不足。一个人的价值由许多部分组成，学习上的缺点与不足并不能否定一个人的全部价值。

（3）这次没考好，说明我的能力很差，以后也同样会失败。——偶然的失败不能证明能力差，重要的是客观、全面地总结教训，找到原因，针对可改变的因素千方百计地设法改进。

（4）不管考试前背得有多熟，到了考场上我就忘光了。——如果不是我的大脑出了毛病，那么我应该和其他人有一样的记忆规律，就是只要对某一材料熟悉到一定程度，就会在一段时间内保持完好的记忆。我在考场上忘记了有关的知识，并不是我的大脑记忆功能低于常人，而是我的心理状态出了问题。紧张的情绪妨碍了我对头脑中储存的信息进行提取，降低了解决问题的效率。

对于以后的考试，我们不应该担心自己考不过别人，也不要把分数看得那么重，在复习时，把注意力集中于学习本身，考试时保持平和的心态。这样，就算遇到难题，也能充分调动所学的知识加以解决。

五、教师总结

师：这节课我们通过阅读、思考和讨论，认识到只要我们摒弃自己头脑中的非理性观念，就能摆脱烦恼，选择快乐的人生。刚才这几位同学的发言让我们看到，他们已经掌握了科学的认知和情绪的调整方法。下面我们一起来 happy 一下吧！请全体起立，大家一边听歌，一边和我一起活动活动吧。（让学生跟老师一起做动作。播放歌曲《幸福拍手歌》大约 3 分钟）

最后，祝愿每一位同学都能摆脱烦恼，选择快乐的人生！谢谢大家，再见！

【班会总结】

这节心理辅导课的主题是摆脱烦恼、选择快乐，适用于高中各个年级，更适用于高一新生入校考试后的第一次辅导。

这个学期，我担任高一年级一个普通班的班主任。开学初，为了更好地了解班里的学生，我请学生写一篇文章，对自己的优点和缺点进行分析。有很多学生，尤其是女生，都提到自己的缺点之一是缺乏自信。其实，高中学生正处于青春期，非常敏感脆弱，特别在乎同学、老师对自己的评价，很容易拿自己和周围的同学朋友做比较，在比较的过程中就产生了很多烦恼。这些烦恼是导致某些学生缺乏自信的主要原因。我觉得有必要通过心理辅导，帮助他们认清烦恼的实质，从而摆脱烦恼。

这节课以认知调整模式——ABCDE 模式为基础，有一定的理论性，与一般的以活动体验为主的心理辅导课稍有不同，教师在教学时，应该注意与学生的沟通与交流。例如，可以充分利用辅导课开头的歌曲《最近比较烦》和结尾的《幸福拍手歌》，请学生一起唱，一起做动作，活动活动手脚，以充分调动学生参与活动的积极性。还可以准备一些小书签，奖励给发言比较精彩的学生。

此外，要想使学生完全摆脱烦恼，从忧郁中走出来，单凭一节心理辅导课是远远不够的。可以在课后给学生讲一些普通人在艰苦的生活环境中找到自己快乐的故事，用他们积极向上的生活态度、生活热情感染学生，使学生能够保持积极乐观的心态，有勇气面对生活中的困难和挑战。

（浙江省湖州市第二中学　周萍　邮编：313000）

操作提示

1. 本课的心理辅导是常识性的心理辅导，也是集体的心理辅导，所讲的知识不宜太深，具有操作性就可以了。

2. 可以借鉴积极心理暗示对此类主题班会进行进一步的完善和深化。

五、励志教育性主题班会

人生 AB 剧

【推荐理由】

1. 这节班会课的最大特色，是把抽象的励志教育转化为具体的生活细节，并通过学生身上常见的生活细节来检验并反省自身的素质，从而把大而空的道理变得具体、亲切、有感染力。

2. 用具体的生活细节展示学生容易忽略的两种人生走向，给人以强烈的震撼。同时，这些细节普遍存在于生活中，这就使本案例具有很强的借鉴意义。

【适用时间】高一第一学期

【班会背景】

励志教育是教育的核心，学生有了志向并为之努力，教师的教育就完成了一大半。而教育最难的部分恰恰就在于让学生拥有追求成功的动力。怎样观察学生是否具备这些素质呢？每天的生活学习的细节往往最能折射出本质的东西。本节班会课就是根据学生的一些本能的生活选择，挖掘学生的内心世界，引导学生一步步地探寻内心最隐秘的角落，从而达到唤醒的教育目的。

【班会目的】

1. 让学生认识到成功的基本要素是什么。

2. 通过积极导向，使学生认识到自身的不足，从而唤醒内心前进的动力。

【重点难点】

重点：通过特写镜头让学生意识到日常生活中不经意的选择中包含着成功的最基本要素。

难点：通过日常生活细节来设计问题，问题要能折射出内心最本质、最隐秘的想法。

【课前准备】

课件，设计问题。

【设计思路】

和学生谈及人生理想的时候，大部分学生对未来都充满了向往，但他们都缺乏对实现理想的步骤化认识，更不清楚要实现自己的理想需要具备怎样的素质。所以，我先设计了两个最基本的问题：你想十年后成为什么样的人？成功人士的基本素质有哪些？然后再通过学生习以为常的生活细节来验证他们是否具备成功的素质，一步步地引导学生反思自我、反省自我、唤醒自我。

【班会实录】

（昨晚三个学生迟到，我把他们叫到选修室谈话了解情况。原来是有一个学生脚扭伤了，另外两个学生陪他去了校医室。我看了看学生的脚，伤得不是太严重，只是略有些肿而已。但他们因伤迟到，感觉很"理直气壮"。为了他们的长远考虑，也为了增强他们的学习自信心和自我意识，我认为有必要进行心理层面的挖掘，找出他们的思想症结）

师：你们知不知道6:30开始上英语听力课？

生（齐说）：知道。

师：那你们打球打到几点钟？

生：大约 6:20。

师：如果不扭伤你们认为就不会迟到吗？即使不迟到，你们是否能够立即安心学习呢？

（生沉默无语）

（我问学生："你们想十年后成为什么样的人物？"其中一人脱口而出："亿万富翁。"我说："很好。"然后追问他："八年之后呢？"该生想了想说："八千万吧。"呵呵，数学还不错，会递减。然后我继续追问，一直问到一年之后。随着我的追问，学生越来越紧张。这时，我说："是否具备成功的素质，就要看你眼前做出怎样的选择。古人云：'登高必先修其低，行远必先修其近。'"想到这种对十年后会大胆设想，而对眼前不管不问的学生还有很多，于是我以此现象为依据，设计了第二天的班会课："人生 AB 剧——你是否具备成功的素质"。我把班级里发生的一些现象设计成问题，让学生选择答案 A 或者 B）

展望未来：你想十年后成为什么样的人？请选择。

A. 做一个成功人士。

B. 为生活而忙碌的普通市民。

（学生的选择基本一致：A）

成功要素：成功人士的基本素质有哪些？

（学生的答案有很多，归纳起来有以下几点：成功的动机、计划性、吃苦精神、纪律观念、自主意识等）

检验自我：大家的总结都是一些抽象的概念，也的确是影响成功与否的重要因素，那么你是否具备这些成功的素质呢？下面用一些具体细节来检验一下。

1. 几个好朋友在篮球场上玩得正开心，上课的时间快要到了，你会怎样选择？

A. 学习是最重要的，立即回教室准备上课。

B. 再玩一会儿吧，难得开心，反正 10 分钟不学习影响也不大。

（这个问题能够检验出你学习动力的强弱，面对两种诱惑，就看你最后选择什么。A 说明动力强劲；B 说明还不能抗拒外来的诱惑，即使有动力，也只是一时的冲动，不能长久。很多同学从理性上选择的是 A，但仔细对照自己的日常行为，又发现很多时候选择的是 B。所以凡是发现自己在生活中不自觉就选择了 B 的同学，一定要强化自己的学习动力，坚定信念，让眼前的娱乐和轻松为自己的目标让步，因为眼前的欢娱往往以懊悔结束，辛勤的汗水总会换来灿烂的笑容）

2. 今天天气很热，在学校睡觉很辛苦，你会怎么做？

A. 坚持在学校学习，相信梅花香自苦寒来。

B. 还是找个借口回家吧，毕竟在家睡觉舒服，一晚不学习也影响不大。

（这个问题是检验学生的吃苦耐劳精神。现在的学生很娇气，一点炎热都会让他们感觉无法承受，更不要说更大的困难和艰苦了。我找一个曾经按照 B 做过的学生来回答这个问题，他的答案是 A，这又是一次理性和实践的脱节。常言道："宝剑锋从磨砺出，梅花香自苦寒来。"没有吃苦耐劳的精神，无论多么美好的目标也难以实现。只有抗拒环境的干扰，吃得苦中苦，才能走向成功的彼岸）

3. 天气炎热，但学校还要求做课间操，下去做操很辛苦，你会怎样？

A. 没有规矩不成方圆，坚持下去做操。

B. 很辛苦，就不下去了，找个借口躲过或者偷偷藏起来。

（这个问题是检验学生的纪律观念。现实生活中很多学生自觉不自觉地选择了 B，还有部分学生为成功逃脱了检查而沾沾自喜。当我的问题呈现出来的时候，学生的理性再次占据了上风。这个问题也间接地强调了纪律的重要性。因为道理学生都耳熟能详，只要让他们意识到自身的问题即可）

4. 离上课还有几分钟，这时你会做什么？

A. 根据课程表的安排做好上课准备，思考自己有哪些知识点还没有掌握。

B. 还有一点时间才上课，抓紧时间上 QQ 和好友聊一会儿。

（这个问题检验的是做事情是否有准备。每天上课之前，我都会到班上巡视一下，发现有很多学生忙着做其他的事情，基本不做课前准备。面对问题，学生再次给出了理性的答案，这个问题也在学生思想深处强化了"不打无准备之仗"的道理）

5. 晚修后还有一点时间，你会怎样安排？

A. 总结一下今天所学的内容，看看哪些已经掌握，哪些还不会。

B. 辛苦了一天了,终于解放了,赶紧冲出教室自由活动。

(这个问题检验的是学生是否学会了总结。每天的总结和复习是有效学习的重要条件,也是建立知识结构的有效方法。通过这种"特写"的方式呈现出来,让学生意识到善于总结、每日总结的重要性)

6. 宿舍管理很严格,自己又要抓紧时间学习,你的想法是:

A. 纪律是成功的保证,我会合理安排时间,不让生活琐事影响自己的学习心态。

B. 教官很无聊,我是做大事的人,这些小事不值得做。

(这个问题检验的是学生的处世态度和方式。这是在我们班发生过的真事,男女生都有,学生经常因为这些生活琐事而影响了学习的心情。后来经过调整,学生的情绪随之好转,我为此还写了一篇名为"女教官和女生宿舍"的文章)

7. 学校运动会上,本班的同学在赛场上拼搏,你会做什么?

A. 做好服务或加油助威,我不能脱离集体而生活,要尽自己的力量做贡献,做一个有责任心和集体观念的人。

B. 反正有其他同学在服务,也不缺少我一个,还是找一个阴凉的地方打牌吧,或者到教室里玩电脑。

(这个问题是检验学生是否有集体观念。一滴水只有融入大海才不会轻易被蒸发;一根香蕉如果离开集体,被剥皮的日子就要到了。集体观念的重要性大家都很清楚,但如果武断地说某某没有集体观念,对方肯定不服气。这样通过"镜头特写"对照自己的言行,是不是具有这方面的问题就一目了然了,同时也维护了学生的尊严。切记:点评这个问题不能针对性太强,尤其不能让某个学生感觉到老师在含沙射影地批评他)

8. 晚自习老师有事暂时离开,你会怎样?

A. 学习是自己的事情,老师在不在都一样。

B. 哈哈!终于得到一个机会,机不可失,抓紧时间和好友沟通一下。

(这个问题是检验学生是否具有自主意识。培养学生自主学习需要一个过程,并且一定要意识先行。所以通过这个生活细节,让学生自我检验自己是否真的具有自主学习的能力,如果缺乏应如何强化。)

9.新的一天或者一个学期、一个学年,你有什么计划和目标?

A.要有明确的学习目标和学习计划,并把这些内容写下来,以此来衡量自己每天的学习。

B.学习有老师安排,作业有老师布置,我不用考虑,走到哪儿算哪儿。

(这是检验学生是否有目标、计划。目标、计划的重要性不需要多讲,关键是检查学生是否做到,对那些没做到的同学要跟踪指导,直到他们形成习惯)

(和前两个问题一样,大部分同学的选择出现了理性和实际脱节的情况。学生一直认为自己道理都懂了,不需要老师不断地"谆谆教导"。殊不知,他们所谓的道理只是语言而已,面对问题,他们认识到该选 A,但实际上做的是 B。很多同学选到后面已经有些害怕了:我怎么缺乏那么多成功的素质?)

(我又通过板书给学生一个直观的认识。每选一次 A,就是登上一级成功的台阶,每选一次 B,就是向失败又迈进了一步。希望这节人生 AB 剧能给学生一个长久的启发)

(附板书)

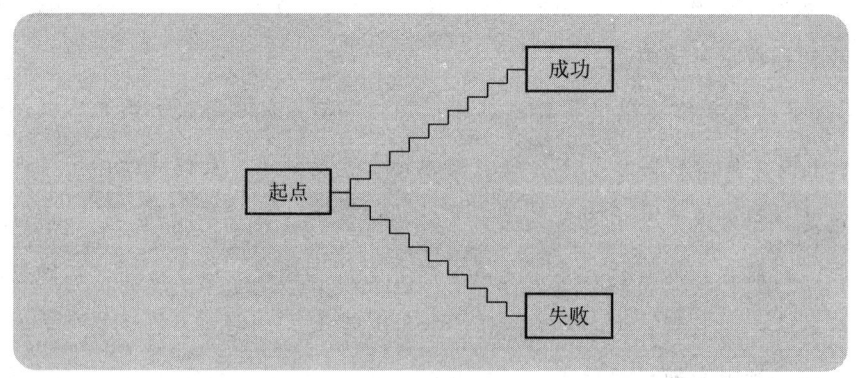

【班会总结】

很多道理容易脱口而出,但是否做到就是另外一件事了,也许这就是"知易行难"吧。知道一个道理只需要几秒钟,但实践一个道理需要漫长的过程。在这个漫长的过程中,眼前的快乐往往会战胜对未来的追求,这就出现了理性和现实的反差。

在整节班会课中,每一个问题的选择基本上都存在这种现象。学生的理性回答都很正确，但在生活中真正做到的人为数不多。所以这节班会课最成功的地方就是把这种现象呈现出来，让学生自我发现这种理性和现实的矛盾，从而深刻反思自我。如果老师苦口婆心地说教，很多学生会感觉枯燥并表现得不耐烦，因为都是老生常谈。但把这些问题通过具体的生活现象呈现出来的时候，学生才发现自己身上的问题是如此之多，他们的认识就会变得很深刻。再加上板书的设计，形象直观地向学生展示了一个人是怎样一步步走向成功或失败的，等于引导学生预习了一遍人生的旅途或者人生某一段的过程，这样产生的心灵震撼就更强烈。

如果说还有遗憾的话，就是因为时间关系，问题的设计还比较粗糙，问题与问题之间的衔接也不是很自然。如果能让问题呈现的顺序更符合认知规律和教育规律，效果就会更好。

（广东省广州市番禺区禺山高级中学　李进成　邮编：511400）

操作提示

1. 平时注意收集班上学生比较有代表性的、能够明显呈现出两种发展可能的典型细节，越真实越能够打动学生。

2. 注意各个问题之间的衔接，如果问题能够从头到尾连接起来，效果会更好。

3. 发动学生自己寻找人生的两种可能，效果会更好。

六、经验交流性主题班会

请校长给咱颁奖

【推荐理由】

1. 优秀班主任应该是善于整合教育资源的能手，樊会武老师把学校的、家长的、家庭的、社会的因素整合到班级教育管理中来，无疑是值得借鉴的。

2. 你不能左右天气，却可以改变心情；你不能改变容貌，却可以展现笑容；

你不能改变世界,却可以改变自己——当我们不能改变现状的时候,可以改变我们的工作思维。这个班会中有很多创新的手法,会告诉你怎样去激发学生学习的热情。作为常规工作来说,这个主题班会值得推荐。

【适用时间】高一第一学期期中考试之后

【班会背景】

经过一个学期的建设,高一(10)班进步显著,与半年前比,判若两班,以前那个让学校领导头疼的旧10班不见了,取而代之的是一个班级活动丰富多彩、常规管理规范有效、班级文化积极向上、班风纯正、学风浓郁的优秀班集体。在学校举行的纪念"五四运动"92周年暨总结表彰会上,我班一举夺得学校"五四红旗团支部"荣誉称号,多位同学受到学校表彰,成为年级其他班级学习的楷模。因此,团支部、班委会决定召开一次主题班会,在总结班级管理工作的基础上,邀请学校的主要领导为受表彰的学生颁奖,以激励同学们继续努力。

【班会目的】

1. 总结班级管理工作,进一步增强班集体凝聚力;
2. 表彰进步学生,激发学生比、学、赶、帮的动力。

【重点难点】

重点:表彰先进,激励进步。

难点:通过表彰巩固班级管理成果,使学生养成良好的习惯,保持积极向上的进取之心。

【课前准备】

课件,学生发言稿,荣誉证书,奖品,《新闻联播》音乐,歌曲《最初的梦想》,邀请学校领导、班级老师,选聘主持人。

【设计思路】

第一环节:总结回顾,激发学生的自豪感。

第二环节:表彰鼓励,要激发出学生的成就感。

第三环节:交流互动,交流学习经验。

重在第二环节,邀请校长参与,让学生体会到学校对班级的重视,也体会到成就感。这是这个班会的亮点。

【班会实录】

（《新闻联播》音乐响起，主持人上台）

合：各位领导、老师、同学，大家下午好！

陈：烈日高悬在空中，我们送走了生机盎然的春天，迎来了烈日炎炎的夏天。

王：在这春夏之交，我们度过了紧张的四月，也即将送走忙碌的五月。

陈：五月，我们一起走过，走过风风雨雨的日子。

王：让我们共同享受收获的快乐，让我们共同体验成功的喜悦。

合：10班高一下学期期中考试总结表彰暨经验交流会现在开始！

第一环节：总结回顾

陈：这半个学期，我们有进步，也有退步；有收获，也有失去；有淡淡的喜悦，也有浓浓的伤感。

王：为了实现目标，我们不怕付出，我们会继续努力，共同建设好高一（10）班。下面请班委会成员对班级工作做出总结。

（学生鼓掌，班委会成员依次做工作总结，具体内容略，只保留班长的总结发言）

我们信心百倍向前进

在过去的一年中，我们全班70多名同学齐心协力，取得了以上各方面的成绩，所以，学校团委授予我们"五四红旗团支部"的荣誉称号。虽然我们遇到了一些困难，但我们坚信，通过努力，我们一定能克服所有的困难，再创佳绩，更上一层楼。我们信心百倍，劲头十足，继续向更新的目标迈进！

第二环节：表彰鼓励

陈：回首往事，我们经历了无数风雨，付出了多少努力。

王：岁月无痕，不知不觉中我们已经携手走过了一个春天，在这段时间里，我们学到了知识，获得了经验，取得了优异的成绩。

陈：接下来有请程校长为我们颁发集体奖——"五四红旗团支部"荣誉称号。

（程校长颁发集体奖，举行挂牌仪式。挂牌仪式结束，校长寄语）

陈：请程校长为我们寄语。

程校长：今天很高兴能来高一（10）班参加这次主题班会，我认为10班是一个不错的班级，同学们的积极性很高，进步也很明显。今天我只讲三点：

一是文化。刚才班长提到，打造书香班级，用文化育人，这很好；只有有了文化，班级才有特色。如果每个班级有了自己的文化，那么校园文化不也就形成了吗？班级有自己的文化，我们就能创造奇迹。

二是活动。你们开展了很多有特色的活动，比如说植树，开始我以为你们是搞着玩儿的，想一群小伢能干成什么呢！可是你们把它办成了。每次外来人员来参观，我都会带他们参观"未来林"，并且自豪地介绍："这是我们的同学亲手种的！"有一次，美国的一个校长到我们学校来做学术交流，我告诉他们这是高一学生种下的，他们都竖起大拇指，惊讶地说："难以置信！"你们做得很好，希望你们像"未来林"一样茁壮成长。

三是学习。采蘑菇的人会发现一个规律：有的地方从来都不长蘑菇，有的地方却有很多蘑菇，还有的地方每年都能长出大蘑菇。这是为什么呢？环境影响。樊老师上届带的班级，高考成绩就很不错。我相信，这一届樊老师带的班同样能长出很多大蘑菇。

最后，我希望10班在各个方面加强管理，能够成为学校里的甚至市里的、省里的领头羊！

陈：非常感谢学校领导对我们班给予了很高的评价，并且对我们寄予了厚望。我代表全班同学表态——我们一定不负众望，再接再厉，争取在高考中以优异的成绩回报所有关心、爱护我们的老师和领导。

王：在学校举行的纪念"五四运动"92周年暨总结表彰会上，我班有多人受到学校表彰。一年来，这些同学磨砺品格、努力学习、勤奋工作、积极为班级发展献计献策，为个人的发展打下了基础，同时也为班级争得了荣誉，给同学们树立了学习的榜样，团支部、班委会研究决定对这些同学进行表彰，并号召其他同学向他们学习。

陈：下面我代表团支部班委会宣布表彰决定。（受表彰学生名单略）

王：接下来有请熊校长为我们颁发校级先进个人奖。请获得"优秀学生干部""模范团干部""优秀劳动委员""模范寝室长"等荣誉称号的同学上台领奖。

（熊校长上台为获得"优秀学生干部""模范团干部""优秀劳动委员""模范寝室长"等荣誉称号的同学颁奖，学生上台领奖，播放音乐）

再请获得"优秀学生""优秀团员""优秀青年志愿者""优秀宣传个人"等荣誉称号的同学上台领奖。（学生上台领奖，播放音乐）

陈：灯塔已经为我们点亮，能否到达成功的彼岸，还要靠我们自己的努力。下面有请数学老师——我们心目中的欧拉，为获得"学习标兵""文明之星""守纪之星""劳动之星""内务之星""进步之星""热心班级建设奖"等奖项的同学颁奖并致辞。

（数学老师彭国平老师为同学们颁奖，学生上台领奖，播放音乐）

王：在这次考试中，我们班语文学科的成绩进步不小，下面有请王老师为获得"期中考试进步奖"的同学颁奖。

（王老师为获得"期中考试进步奖"的同学颁奖）

王：最后请我们的班主任樊老师为优秀课代表颁发"学科贡献最大奖"和"学科进步最大奖"并讲话。

（樊会武老师颁奖并讲话）

樊：作为班主任，我再次诚挚地表达我的谢意。感谢10班所有的任课老师，正是由于各位精心教导与严格要求，才有我们班一次次的进步。感谢10班的全体班干部和五位寝室长，尤其是朱锐、陈晓锋、余先浩、程红韬、刘文等五位巨头——正是你们的付出，为班级的健康发展打下了坚实的基础。作为班主任，我更感谢10班的所有同学，正是由于大家的努力，才取得了今天的成功。这次表彰既是对我们的肯定，也是鼓励。最后，我也要感谢学校领导对我们的关心和帮助。每次听别人说到10班很棒时，我的心中都充满了自豪。在我们这个由58位男同学和17位女同学组成的大集体里，虽然大家性格各异，但大家都在努力地做好自己该做的事，大家都以让班级更优秀为目标努力。这种以班级为荣的凝聚力，将是10班不断前进的动力。

第三环节：交流互动

经验传递一

陈：下面有请罗潇逸。

（罗潇逸上台，边讲边配合肢体语言表演，学生大笑）

罗：各位领导、老师、同学，大家下午好！今天可以在这里与大家讲点关于学习的事，我感到很荣幸。

首先，我认为学习要取得成功，一定得明确学习目标。我刚来这所高中时感到很迷茫，不知自己要走哪一条路。直到有一天，我碰到了"潇洒哥"（班主任樊会武老师），他长得又高又帅又拉风，与他促膝长谈十分钟，令我少读十本语文书。他对我说："不想上清华紫光、北大青鸟的学生不是好学生。"但我有更远大的理想，我想上哈佛——那就是哈尔滨佛教大学，毕业后我想出国，我想去美丽的烈士蹲屎坑——自从有了这个远大的理想，我学习上就有了目标，心情变得开朗，生活上人见人爱、花见花开、车见车爆胎。（学生爆笑）

其次，学习需要拒绝浮躁。学习是一件需要静下心来好好思考的事，刚入高中时，我学习又自负又浮躁，不能沉下心去。但是"潇洒哥"告诉我，"上善若水"才是学习之道，他对我说："洗洗更健康，只有使用潇洒哥牌沐浴露才能洗去浮躁。"

最后，学习还得注意方法。我的学习方法是"潇洒哥"传下来的，也就是《葵花宝典》，这本书包含了中外各种学习方法，但我只有舍弃某些重要的东西才能成就未来，我需要舍弃部分休息娱乐时间用来搞学习才能走到学习的高山之巅。

这就是我对学习的看法。总而言之一句话，信"潇洒哥"考本科，理科综合不挂科。谢谢。

王：考前，有人胸有成竹，有人心惊胆战。

陈：考后，有人欢笑喜悦，有人捶胸顿足。

王：真是一副人生百态！不过，我倒觉得，这考试有点像捕鱼。

陈：哎，这怎么说呢？

王：每一次考试你都会发现渔网上的漏洞，经过一次次的修补，我们的由知识与能力编成的渔网才能牢不可破。

陈：这次考试，我们每一位同学都经受了失败、痛苦和成功的洗礼，得到了磨炼、反省和升华自我的机会，这正是我们最大的收获。下面请吴昕楠同学上台来与同学们分享自己学习进步的方法。

经验传递二

吴：我很荣幸作为期中考试进步学生代表发言，主要是与大家交流一下我的进步体会。

一、找对方法。学习没什么秘诀，学习方法也不深奥，重要的是找到一种最适合你的方法，并长期坚持下去。这样慢慢积累，虽然过程很苦，但是你只要想着收获时的那份甜蜜，便能坚持下去。所以，我和大家分享的第一个体会就是——找到适合自己的方法并坚持下去。

二、要学会自我提醒。说实话，我是个不怎么爱学习的人，成绩也总是起伏。因为总是走偏路，所以我才觉得有学习目标是很必要的。明白自己想要的是什么，每次走偏后我就会提醒自己，再走回去。

三、感到浮躁的时候要坚持。可以先舒缓一下心情，再打起精神继续奋斗。坚持是什么？坚持便是当你觉得再多一秒也撑不下去的时候，用你的目标敲打你的心脏千百次，再咬牙撑过下一秒的过程。

我的讲话完毕，谢谢大家！

王：听君一席话，省我十本书啊！虽然期中考试已经结束，但一次考试并不是句号，我们还要继续努力。

陈：人生道路有风和日丽，也有阴雨连绵。

王：你不能左右天气，却可以改变心情。

陈：你不能改变容貌，却可以展现笑容。

王：你不能改变世界，却可以改变自己。

陈：我们要从暂时的喜悦中走出来，从暂时的沮丧中走出来，胜不骄，败不馁，为下一次考试早做准备。

合：最后借用文学大师冰心的一段话与同学们共勉："成功的花，人们惊羡她现时的明艳！然而当初她的芽儿，浸透着奋斗的泪泉，洒遍了牺牲的血雨。"让我们用勤奋锻造出美好的明天吧！

（音乐起，全班齐唱《最初的梦想》，班会结束）

【班会总结】

本次班会设计为班级管理工作的总结表彰会，一是向学校各级领导汇报，通过学校领导的肯定鼓舞士气；二是表彰前一阶段各方面表现优异的学生，为学生鼓劲。从实际效果来看，大部分学生都受到了鼓舞，说明创新奖励方法，利用班会鼓励学生，效果确实不错。

（湖北省鄂南高级中学　樊会武　邮编：437100）

操作提示

1. 在工作中做一个善于和领导沟通的人，多向领导请示、汇报工作。很多时候，领导对您班级的支持，是因为您的诚恳和执着。

2. 关心、在乎每一个学生，奖励的面积尽量覆盖80%的学生。切忌把表彰会变成少数学生的表演会，那样会让部分学生丧失学习的积极性。

3. 在开主题班会的时候，注重学生的经验介绍。学生的经验更容易被他们自己借鉴。

七、特色班级主题班会

我们都是爱国者

【推荐理由】

一个好班主任，就是一所好学校。很多老师一提到特色主题班会就头大，不知道该如何突破自身局限，营造自己的特色班级。

刘爱国老师这个主题班会，从自己的名字入手——"我们都是爱国者"。因为一语双关，而在学生心中留下了深刻印象，对打造特色班级起到了非常重要的作用。因此，这个班会一举夺得湖南师大附中主题班会竞赛一等奖。

这个班会告诉我们，所谓特色，就是从班主任的个人能力、才华、条件出发，熔铸个人的教学风格、工作作风。

【适用时间】高一第二学期

【班会背景】

在班级管理渐入佳境之际，组织这次"我们都是爱国者——建设特色班级主题班会"，旨在强化学生的集体意识，让学生更深入地理解"爱"的含义，懂得爱是责任、爱是理解、爱是付出，懂得用具体行动为班集体增光。从而在原有基础上更好地树立班风，在班上形成同学之间互帮互助、老师与学生之间相互理解尊重、整体奋发向上的氛围。

【班会目的】

1. 打造特色班级，推动特色班级建设。

2. 进一步增强班级凝聚力，形成一个活泼、健康、上进的集体。

3. 适当自我娱乐，减轻学生的学习压力。

【重点难点】

1. 围绕自己的班级创作各种表演剧本。

2. 如何把班主任个人的追求和班级追求融合在一起，寻找突破口。

【课前准备】

场景道具：多媒体、班徽、宣传画（以"我们都是爱国者"为主题，上面印有班上各次活动的照片以及"我们爱国，国爱我们"的文字）、桌椅、气球、彩带等。

制作幻灯片，适当的场景布置。

【设计思路】

1. 从用视频录像展示成绩开始，让学生感受到集体的温暖。

2. 通过戏剧小品让学生理解班会关键词："责任"和"爱"。

3. 从学生对班主任的爱，提升班会主题——我们都是爱国者！然后班主任发言。

【班会实录】

时间：第七周星期四下午第六节课。

地点：图书馆二楼阅览室。

参与者：高一1014班全体学生。

主持人：A——胡展华；B——张姗；C——王紫珏。

策划、编导：张姗、王紫珏、余韵清、段资政等。

一、开场

（屏幕播放班级组建以来获得的奖状及获奖场景照片）

A：曾经，我们素不相识，现在，1014将我们紧紧相连。

B：四月的校园，因我们的努力而多姿；四月的课堂，因我们的欢笑而灿烂。

A：在过去的半年里，流动红旗长驻我们教室的场景是那么耀眼！

C：一张张奖状挂在墙上，那是同学们用心换来的完美答卷！

A：运动会上洒下了多少我们奋力拼搏的汗水，笔直的跑道上印下了1014坚实的步伐！

B：艺术节上我们用激情的歌声，渲染了我们自信的脸庞！

C：秋游路上撒满我们快乐的笑声，那是对幸福的最好诠释。

B：平凡的点点滴滴，动人的丝丝花絮，难忘的种种经历，点缀了我们的校园生活。

C：我们1014班在爱国老师的带领下，成了一个优秀的集体，成了有魅力的爱国军团！

A：在这个爱国军团里，我们有一个共同的信仰——

ABC：我们都是爱国者！

B：下面我宣布——1014"我们都是爱国者"主题班会现在开始！

二、合唱班歌

C：首先，请全体同学起立，让我们以最饱满的热情一起高唱我们的班歌：《我们是1014班》。有请周雨薇同学指挥。

（全班齐唱班歌，班歌是根据《真心英雄》曲调改写的。词略）

三、音乐剧表演：爱是责任

C：美国第26任总统罗斯福说过，在我们这个国家，作为一个好国民，第一是他要能够并愿意凡事尽责，全力以赴。

A：还记得那次英语背诵比赛吗？那次经历让我们明白了很多，也成熟了很多……下面，请欣赏由余韵清等同学为我们带来的音乐剧：《爱是责任》。

（剧本如下）

爱 是 责 任

剧本创作：余韵清　戴芳雨

演员名单：

小六——徐博文

老师——段资政

英语课代表——舒泳博

学生A——文思扬

学生B——张伯琴

学生C——李悍生

学生D——廖洲洲

学生E——戴芳雨

学生F——王译萱

旁白——余韵清

第 一 场

旁白：春暖花开，万物复苏。学校的英语背诵默写大赛在这个怡人的时节拉开了帷幕。

旁白：神马班的同学们正在教室里安静地自习，大家心里都十分忐忑，为挑选英语比赛候选人而紧张，这时，神马班英语课代表急急忙忙冲进了教室。

课代表（手中拿着纸条跑到了学生们面前，不住地喘气）：出来了，出来了，候选人名单……（所有学生都紧张了起来）

小六（拍了下桌子）：你先别喘啊，念名单吧！

课代表（缓口气）：好，下面我宣布英语背诵默写大赛候选人学号……

（播放《哈利路亚》）

（这些被点到的学生顿时摆出名画《呐喊》中的表情……随即如蔫了的黄花菜一样趴倒在桌上）

（《哈利路亚》播放结束）

课代表：接下来，在这些幸运的同学中，还要选出一名同学在全体师生面前进行背诵表演，有谁主动报名吗？

B：选他（指A）！他英语最厉害了，背诵什么的绝对没问题！

A：我英语厉害在语法上啊……对了，选她（指E），她可是我们组组长呢！没问题！

E：唉！可是……我怯场，对了，我怯场，选她（指D）吧！

（播放《超级玛丽》）

（大家都从座位上站了起来，为让谁上场而吵闹不休）

（音乐结束）

A（突然大喊）：别吵了，我知道该怎么办了！

课代表（像遇到救命恩人一样）：快说！

A（平静地）：抽签吧，这是最公平的。

（大家都赞同地点头）

第 二 场

（课代表鬼鬼祟祟地把七个人喊到了一旁，拿出了手中的签纸）

课代表（小声地）：抽吧！

（大家争先恐后地各抽了一签，并跑到一旁打开）

其他同学纷纷激动地大叫：不是我！（随即疑惑）

C：你不是，你不是，你不是，那会是谁呢？……

小六（蹲在地上）：是我。（无比沮丧）

（播放《哈利路亚》）

课代表：你们都知道，小六同学的口语不太好，要不……小C，你上？

C：绝对不行，我根本没记多少呢！

课代表：小F，你呢？你的口语还不错吧？

D：我？你也知道，我一向不适合上台表演。

（课代表无奈，转身想问其他同学，A看到课代表对着他想开口）

A：不行不行，坚决不行，我没那个胆量的！何况我们是抽签，要讲究公平的！

（课代表扫视一圈，此时其他同学一起摇头，并转身回座位坐好）

（播放《命运交响曲》）

小六（小六倒地不起，过了许久才醒过来，改成蹲式）：怎么办？我平时英语就不好，考试也总拉后腿，我根本没准备啊！啊，啊，啊，啊！还上台背诵，全体师生……还不如杀了我吧，杀了我吧，杀了我吧！（他突然从地上站起来，振作）算了，反正我也背不出！就这样吧！（转身走了）

第 三 场

旁白：时间飞逝，转眼间，比赛的日子到了。

课代表串主持人（换一人）：接下来，请最后一位选手小六上场。

小六（上场鞠个躬）：大家好，我的英语不怎么好，所以只好用中文做自我介绍，其实我抽到的这一段我不会背，所以就不耽误大家的时间了，不好意思。（随即再鞠躬下场）

（台下一片议论声）

课代表串主持人（换一人）：现在我们宣布，此次比赛的结果是……最后一名的班级的代表选手是——小六。

（播放音乐《十面埋伏》）

（众人相继下场，独留小六一人在台上，小六走到台中央，蹲下，抬头，做出悲痛欲绝状）

音乐结束。

第 四 场

旁白：班主任老师从评委处得到了消息，非常惊讶，课代表把事情的来龙去脉告诉了老师，老师便找到了其他几位同学，一同赶到了会场。

（同学们围到小六的身边）

A（推了推小六）：小六，小六，你没事吧？

小六（站起来，低垂着头）：我搞砸了一切，老师，对不起。

老师：小六，事情已经过去了，你一个人难过也没有用。只是我想问大家一个问题，今天小六上台，他代表的是他个人吗？

众（低声说）：不是。

老师：你们平时总跟我说如何如何爱这个班级、喜欢身边的同学。爱，意味着什么？爱不是索取，而是一种责任啊！大家也知道，你一站出去，代表的就是整个班级，如果你们从一开始就不是互相推诿，而是积极准备，我敢说，我们一定能成功。

众（沉默了一会儿，齐声）：老师，我们明白了。

A：班级的荣誉代表了我们每个同学的荣誉。

B：关键时刻，我们都应该为班级奉献自己的力量。

C：推卸责任是弱者的表现，这样的班级无法成长。

D：班级兴亡，我的责任！

老师（微笑）：对，我们是一家人，每个人都应该为班级尽自己的责任，只有这样，我们的班级才会越来越优秀。

（播放《因为我们是一家人》）

旁白：一场风波到此结束，遭遇这次挫折后，同学们更成熟了。我们完全有理由相信，一个真正理解了责任真谛的班级，注定是不平凡的。让我们祝愿她"长风破浪会有时，直挂云帆济沧海"！

四、诗朗诵：爱是理解

B：有一种爱，很直白；有一种爱，很含蓄。

A：有一种爱，有一点疼痛，却让你成长，让你受益终生。

B：爱需要感受，也需要沟通。

A：爱是责任，更是理解。

B：接下来有请周雨薇等同学为我们带来诗朗诵《爱是理解》，大家掌声欢迎。

（诗朗诵）

爱 是 理 解

诗歌创作：刘爱国　肖凌　王紫珏

朗诵表演：刘冕　王译萱　肖凌　贺逸泊　周雨薇　李雅倩　唐箐　唐汇聪

爸妈的一声声嘱咐，总让你无比厌烦。

那被岁月侵蚀的双鬓，你是否也曾关注？

他们渴望的眼神，只为一个拥抱、一张笑脸，

而你冷眼旁观，无动于衷。

他们了解你看的每一本书，

知道你最爱听哪一首歌，

你嘴角流露的却是：你不懂。

当你再也抚不平他们脸庞上的沟壑，
当他们守候在校门外，只为给你送上可口的饭菜，
当他们强装笑脸说考得不好没有关系，
为了满足你这样那样的要求，他们甘愿做牛做马，
同学啊，他们，
只希望和你在一起的日子里多对你付出一些，
他们的愿望如此纯粹，
他们确曾那样说过：
"如果你的盛开需要肥沃的土壤，那么我情愿腐朽在你的根下。"

懵懂的青葱年华，无知的涟漪随风而起，
老师的严格要求，成了故意的刁难；
无法随心所欲，便放纵自己满腔的抱怨，
班干部的从严管理，化为你嘴角倒挂的弧线；
课代表的催促，有如最刺耳的噪音，
完成自己的卫生任务，仿佛沉重的负担。

太阳东升西落，朝朝又暮暮，
远处的江畔，潮起又潮落，
物换星移，时光流逝，
心中的不满，何时已消散。
那墙上三角形的旗帜，
取名叫流动红旗，
却为何从不曾流走。
那鲜艳的颜色，在我们的心头荡漾，
原来，这就是收获，
这，就是成就！

哦，终于明白，

老师、爸妈、同学的所谓苛求，

其实是一种无私奉献，

那是另一种形式的爱。

这种爱，假以时日方能体会，

这种爱，用心感受才能感觉。

五、情景剧表演：爱是付出

A：爱一个人，就为她奉献吧！爱一个集体，就为她付出吧！

B：从入学到现在的半年多时间里，我们经历了大大小小的比赛，它们充实了我们的校园生活。

C：正是因为所有同学共同努力，牺牲小我，敢于站出来为班级增光添彩，我们才得到了那么多荣誉。

A：下面请欣赏情景剧表演《爱是付出》。

（情景剧剧本如下）

爱 是 付 出

剧本创作：段资政　陈典涵　黄洁茹

第 一 场

旁白：上星期五下午，我们年级举行了一次马路长跑比赛。每个班抽调男女各五名同学组成竞赛组，为班级荣誉而奋斗。他们将要面临的，是5000米长跑的挑战。

(甲风风火火地走到讲台前,对着全班同学)

(陈典涵与乙坐在教室中间)

众同学(看着甲手中的单子议论纷纷):老代,又有什么好事需要咱们效劳啊?

甲(笑扶眼镜):过两周年级将举办一次马路长跑比赛,全班都必须参加,还要选出男、女各五名选手,请问有哪些同学想报名?

原竞赛组(8~10人举手):"我","我想试试","算我一个吧"……

甲(清点人数):1,2,3,4……少了一位女生啊?

陈:需要跑多远啊?

乙(神秘兮兮的):大约5000米!

(《忐忑》响起)

陈(站起):也算我一个!

(众人退场,陈先走后跑)

(《忧伤还是快乐》响起)

(旁白:陈知道自己的体质一般,于是开始了特训。每天她老早就爬起来一圈又一圈地练习跑步,班上的同学对此议论纷纷)

第 二 场

(丙与丁走进教室门,边进边说)

丙:没想到陈典涵也参加了竞赛组。

丁:确实想不到,不过,就她那体质,我看,她能跑完,我就能爬完。

丙:话可不能说得这么绝。你没看到这几天的早上,她都老早起来去操场上跑步,超级勤奋?

丁:哼,毫无疑问,这没什么用。

丙:怎么没用?我就相信她能跑完,要不,我们打赌?

丁:赌就赌!

丙:好,用事实说话,那我们就拭目以待吧!

第 三 场

(《越策越开心》响起,所有竞赛组成员上场)

甲(站在椅子上):所有选手准备一下啊。

(竞赛组聚在一起,大喊:1014,加油!)

甲:请女生先跑。

(《坦克大战》响起,女生准备)

甲:各就各位,预备——跑!

(《两只老虎》响起)

甲:好,男生请准备。

(《坦克大战》响起,男生准备)

甲:各就各位,预备——跑!

(《两只老虎》响起)

第 四 场

(《爱琴海的珍珠》响起)

旁白:正式比赛开始了。功夫不负苦心人,经过艰苦的训练,陈典涵在比赛中一直紧跟着前队跑完了 3000 米。但这个时候，她的体力也差不多耗尽了。

陈和另外两名女同学艰难地跑着，陈呼呼地喘气，与另外两名女同学的距离越来越大……

陈：呼，怎么还没到，还有多远？

蒋（追上）：你没事吧？

陈：没，没事。

蒋：真的没事吗？别逞强啊，实在跑不动就休息一下再跑。

陈：还有很远呢，我再跑一会儿，我还能坚持。

蒋：那好吧，我带你跑一程。

陈：不，不用，你快点跑吧，不能拖累你。

蒋：嗯——那你加油。（超过去了）

（又过了一会儿，几个男生过去了。陈典涵的步伐已很缓慢，很无力）

霁（一只手捂着肚子，另一只手很艰难地摆动）：呼，呼，呼……

陈：你们男生都追上来了吗？

（霁因为累，只是点了点头）

陈：你，肚子痛吗？还能跑吗？

霁（点头）：我怎么能，在，这里停步？我们，可是 1014 长跑竞赛组的。

陈：对，我们，都要加油。

霁（发力，缓慢超前）：我还要去追前面的人。

（音乐起）

（陈身体越来越没有力气，手开始捂着肚子，表情也渐渐痛苦，似乎快到极限了）

陈：我，我，我跑不动了，不行了……

（最终跑不动了，猛然蹲了下来）

旁白：以前，陈典涵即使跑 1000 米，也常常无法坚持，可这次她毅然报了 5000 米的竞赛组。现在，她已经到极限了。要是平时，她是无论如何也不能，也不会再继续跑了，可是，这次不一样，这次她是代表着班级。想到这儿，她挣扎着又站了起来。

（音乐止）

（旁白配合）

陈（艰难地站起）：不，我不能在这里停步，我代表着班级，哪怕是走，也要走到终点。

（陈艰难地起跑，《超越梦想》高潮部分响起……）

（出现竞赛组终点标识）

（所有到终点的演员喊："加油，加油，竞赛组，加油啊，胜利就在前方了！"）

（陈越过终点，被几个女同学搀扶着走到刘老师面前）

陈：老师，我跑完了。

刘（为她擦汗）：好孩子，老师为你感到骄傲。

（旁白：5000米的长路，磨不尽1014班同学的毅力；身体的劳累，敌不过同学们为班争光的信念。1014班的同学们，你们都是好样的）

乙：1014！

所有人：加油！（摆姿势）

B：转眼间，我们在一起学习和生活已经有半年了，在这半年时间里，同学们一定有很多难忘的经历吧？

C：身为一名爱国者，同学们有什么想法呢？请谈谈自己的看法。

（同学们谈看法）

学生1：最使我感动的是上周的跑操比赛。作为领跑者，在平时跑操的过程中，我发现同学们有很多不足之处，但到了比赛的时候，同学们迈出了整齐划一的步伐，喊出了响亮的口号。虽然由于我的失误，我们班与一等奖擦肩而过，但在遗憾之中，我仍深受感动。

（其他同学略）

六、班主任老师讲话

A：大海航行靠舵手，

C：万物生长靠太阳。

A：1014班在刘老师的带领下像一只蓄势待发的雄鹰，茁壮成长。

C：下面，有请我们这个大家庭的家长——我们最最亲爱的爱国老师进行总结，大家鼓掌欢迎！

（班主任讲话）

像爱国一样爱你们

（"我们都是爱国者"主题班会发言稿）

亲爱的同学们：

爱是什么？先听我给大家讲一个故事：一位母亲买菜回家，看到自己4岁大的女儿突然从二楼的窗户里掉下来。这位母亲来不及放下手中的菜篮，疯了一样冲上去，准确地接住了女儿小小的身体。女儿安然无恙，这位母亲的手臂却折断了。事后有物理学家计算了一下，这位妈妈百米跑的速度超过了世界冠军，所承受的瞬间冲击力超过了任何一位拳击选手！那么，是什么创造了奇迹？没错，是爱。

爱，让我们1014班越来越优秀。大半年的时间过去了，我们一起经历了很多很多。我们一起流汗，也曾一起流泪，更多的时候，我们一起分享收获的喜悦。

记得去年合唱比赛结束后，我们都屏息凝神，等待主持人宣布结果。因为内心揣着太多的期待与不安，当主持人宣布完三等奖、二等奖名单，都没有念到我们班时，我们沸腾了！

我们总是全力以赴地去准备每一次班会，出好每一期黑板报，组织每一次活动，只因为我们爱她。爱1014，就像爱惜自己的名誉一样。在宣传委员王偲同学的策划下，我们的黑板报总是拿一等奖；而张姗和王紫珏同学组织的班会，因为有所有同学的积极参与，每次都获得了一等奖。

上次班会结束后，张姗同学走进办公室，说要告诉我一个好消息。我说："是班会得了第一名吧？"张姗同学夸张地回答："老师，你怎么知道？不过，不是第一名，是一等奖的第一名。"看着她兴奋得有些发红的脸蛋，我掩饰不住内心的喜悦。当同学们都懂得为班级的荣誉而战时，我怎么可能不感到欣慰呢？

我们爱我们的班级，也爱身边的每一位同学。段资政同学就像一个小老师，几乎每一个和他同桌过的同学都要在随笔里向我倾诉对他的崇拜。他的成绩稳居班上第一名，还是不厌其烦地辅导其他同学。最让我感动的是他自己在随笔中列举了成功的公式：助人为乐＝朋友＋好心情＝好成绩。身边有这样的同学，我真为大家感到高兴。在我们班，成绩优异又助人为乐的同学，何止段资政一个？胡展华、雷太航、罗彰熠、刘俊男、胡逸……还有很多很多。

在家长面前，我总是毫不掩饰我对你们的喜爱。我爱你们，是因为你们给了我太多的感动。记得在去年的评教评学中，给老师的话里你们写道："爱国老师，我们要像爱国一样爱你。"你们就这样把感动的种子种进了我的心里。

记得今年开学的第一天，陈典涵同学远远看见我，就跑过来扑进我的怀里，当着爸爸妈妈的面，大声说："爱国，我想死你啦！"抱着她，我就像抱住了春天的温暖。

跟我接触并不多的李楠妮同学在随笔里以"雕刻心灵的天使"为题给我写信，虽然她用了"河东狮吼"来形容我生气时的神情，虽然她说你们对我"又爱又怕"，可是，她的一句"感谢上天，让我在高中三年遇到了您，因为有您，我才真正懂得如何去做一个大写的人"，让我流着泪在她的文章后面写下我的感激。原来，你们早已读懂我这份特别的爱。

亲爱的同学们，因为有爱，我们才能取得今天的成绩；也因为有爱，我坚信我们一定会越来越优秀。因为有你们，我的生命中充满感动。我想告诉你们：我，这个世界上最爱国的人，会像爱国一样爱你们！

（鞠躬）谢谢大家！

（全班掌声雷动，班会结束）

【班会总结】

班会结束了，我的心却久久不能平静。回想接到任务后，我脑海中第一时间就跳出之前连续发生的三件事。

一是英语背诵比赛，我们班的表现让其他班的英语老师都很吃惊，因为别的班都是选最好的同学上台，而我们是通过抓阄的方式选派代表，抓到阄的又刚好是口语最差的叶萌同学，结果上台的同学竟然不说英语，而要求背诵的内容根本背不出，全班同学都觉得很丢人。这件事对我触动很大，我跟学生分析的时候说："与其说叶萌同学没有表现好，不如说是我们的组织工作失败了。"

二是班上的三个女同学表现散漫，缺乏组织纪律性。我前一天找她们谈话，第二天她们又缺操。后来了解到她们本来只是迟到，可怕我看见了批评她们，干脆躲着不出来了。在知道了她们的真实想法后，我为她们做事只是为了防着我，而不是从内心深处想着遵规守纪而感到失望。

这些对活动、对个人、对班级不负责任的态度伤害了我。

但是另外一件事又让我振奋。那是马路赛跑中，我们班弱小的陈典涵同学竟然报了5000米竞赛组，并且竟然跑完了！她那种不怕困难、为班级荣誉而战的精神深深地打动了我。

就这样，班会主题——"爱是责任，爱是理解，爱是付出"——就有了雏形。

框架搭好后，主题几乎也是不费思量就有了。因为同学们平时总是自称"爱国者"，现在连家长们也自称"爱国者"了，班上孩子们的ＱＱ群，虽然我从来没有进去过，不过我知道群名也是"爱国者"。我想，一个班级，有爱才有凝聚力，有凝聚力才有动力。作为班主任，毫无疑问，我就是这个"家"的家长，我希望他们喜欢我，爱我，更重要的是，因为爱我而更爱我们这个"家"。为了强化这样一种意识，增强凝聚力，我就将主题定为"我们都是爱国者——我爱我家"。

现在回想起来，班会的目的在准备的过程中就慢慢实现了。在准备的过程中，同学们的认真劲儿让我感动。他们计算时间精确到秒，注意每一个细节，精心准备每一首音乐，做好每一张幻灯片。就连我根本没想到的，他们也想到了。很多听课的老师评价说，在《爱是付出》中，跑步的同学旁边会出现两棵"树"，通过树的变换来体现跑步同学的前进，这样的细节，很打动人。

本次参与演出的同学近40人，如果算上道具准备、场地布置，班上58名同学无一例外，全都积极参与了。整个过程中没有出现任何差错，一切都按照我们设计的流程很紧凑地完成了。其中老师的话在同学们当中掀起了阵阵波澜。我发言时同学们那全神贯注倾听的神情，让我很振奋。很多老师说我的讲话很精彩，其实，我讲的不过是平常话，如果说精彩，那是因为我被孩子们感动了，无比投入地演讲，自然会使人觉得精彩！

当然，班会也有遗憾。因为是比赛课，整个过程看起来很流畅、很紧凑，但临场发挥的生成性内容不足，感觉稍嫌拘谨，也错过了很多思想的火花。

准备一次这样的班会，虽然花费了不少时间和精力，但是，我们所收获的远远大于我们所付出的。

（湖南省长沙市岳麓区湖南师大附中　刘爱国　邮编：410006）

操作提示

1. 旧瓶子装新酒，创作富有自己班级特色的班歌。可以套用现成的曲子，全班同学参与写词即可。

2. 无论班级存在多少问题，都要注意正面的舆论导向，以激发学生的热情，为打造特色班级营造氛围。

3. 班主任的讲话要富有煽动力，要点是叙事真实、事件典型、富有情感。

八、实话实说式主题班会

用歌声教会学生恋爱

【推荐理由】

1. 恋爱是整个中学阶段无法回避的一个话题，到了一定的阶段，男生女生之间发生一些情感故事是很正常的。而且，现在学生的恋爱越来越趋向于低龄化，对高一学生进行正确的恋爱观教育，有助于他们走好高中生活的第一步。因此，从题材上说，这个主题班会的安排是适宜的。

2. 用一首流行歌曲教会学生正确的恋爱观念，形式让人容易接受，语言解释非常幽默风趣，可借鉴性、可操作性较强。在阅读文本时，您会为主持人实话实说而又机智幽默的语言拍案叫好。这样的主题班会，为什么不推荐给大家呢？

【适用时间】高一第二学期初

【班会背景】

早恋，是青春期的一个敏感话题，也是老师、家长和学生无法回避的一个问题。不管老师和家长同意不同意，藏匿在学生心中的玫瑰都会静悄悄地开放。特别是高一第二学期，随着学生之间的相互了解和春夏之交美好天气的到来，男女同学之间很容易在内心产生对异性的爱慕之情。不是说所有的早恋都有严重危害，但早恋会对学习造成消极影响是不争的事实，这也是令很多班主任头疼的问题，事情处理不好往往会事与愿违。

【班会目的】

1. 引导高一的学生度过这段感情的迷茫时期，引导学生理智地面对自己的情感，不要停留在情感的旋涡中。

2. 引导学生有明确的目标，有更高的追求。

【重点难点】

1. 早恋是个敏感的话题，处理不好很容易引起学生的反感和排斥，班会课开得过于轻松和沉重都不理想。

2. 第四段对歌词的分析使学生的情感得到升华,让学生在欣赏歌曲的过程中找到情感的归宿,找到奋斗的方向。上这样的班会课,学生不会感到枯燥无味,因此能起到很好的教育作用。

【课前准备】

做好课件,准备好音频文件——歌曲《窗外》,多媒体设备。

【设计思路】

1. 选择歌曲开始班会,不说班会目的,而说欣赏歌曲,以吸引学生的注意。

2. 学生欣赏歌曲之后对歌词的分析成了班会的重点,引导学生分析歌词的过程,也是对学生进行思想教育的好时机。

3. 在学生没有任何心理准备的情况下春风化雨般地引领,把正确的观念根植在学生的心灵。

【班会实录】

(班会课的上课铃声响过之后,我准时出现在了教室里。我手里没有拿"班主任工作手册",只有一个 U 盘。学生看了感到很意外。我快步走上讲台)

师:这节课是班会课,我想让同学们和我一起欣赏一首歌曲。

(学生"哇"的一下就炸开了锅)

师:请王祥宇同学打开电脑,拉下幕布。然后把歌名展示在屏幕上。歌名是《窗外》。

(这样上班会课,学生始料未及,而我要的就是这种效果。我看到学生都很兴奋。大家都抬起了头,眼睛看着幕布,又不时看看我,搞不清我葫芦里究竟要卖什么药)

师:你们听过这首歌吗?

学生:听过。(夹杂着"没有听过",声音很大)

师:我想再让大家听一听。我们一起来欣赏一下这首歌曲。下面我先给大家介绍一下歌曲的演唱者。

出生于西安的歌手李琛自幼因患小儿麻痹症致残,只能靠拄双拐走路,1992年李琛曾在全国残疾人歌手大赛上获得一等奖,他自强不息的精神值得我们学习。

下面我们一起来欣赏这首歌。

（班里的气氛一下子活跃起来。我把歌曲放了一遍）

师：咱不光要听歌，还要欣赏一下歌词。

（同学们都笑了，觉得我的这个举动很奇怪，但对我要分析歌词的做法又很感兴趣，一个个都抬起头来看着幕布）

（展示第一段歌词）

> 今夜我又来到你窗外
> 窗帘上你的影子多么可爱
> 悄悄地爱过你这么多年
> 明天我就要离开

（1分钟后）

师：是男孩来到女孩窗外，还是女孩来到男孩窗外？

学生（异口同声）：男孩来到女孩窗外。

师：为什么是男孩来到女孩窗外呢？

学生：因为有影子很可爱。

师：大家说得很对，请同学们看着歌词，我们一起来欣赏。第一句"今夜我又来到你窗外"，一个"又"字体现了男孩不是第一次来到她的窗外，而是来过很多次。

（学生们哈哈大笑）

师：第二句"窗帘上你的影子多么可爱"，女同学晚上在宿舍可别忘了拉窗帘啊，只有拉上了窗帘，才会出现可爱的影子。朦胧、距离，才能产生美哦！

（学生的笑声再一次响起）

师：第三、四句"悄悄地爱过你这么多年/明天我就要离开"。这是说男孩到了快要离开时，再一次来到了女孩的窗下，那么女孩知不知道他在窗外呢？

学生（大部分同学）：女孩应该不知道。

师：所以说现在我们了解的情况是男孩暗暗喜欢女孩好长时间了，但是女孩不知道，男孩在离开的前一天晚上又一次来到了女孩的窗外。第一段中简单的四句话就把时间、地点、人物、事件一一介绍给了大家。

（这时，全班同学的注意力都被我吸引到了歌词上）

（展示第二段歌词）

> 多少回我来到你的窗外
> 也曾想敲敲门叫你出来
> 想一想你的美丽我的平凡
> 一次次默默走开

（1分钟后）

师：第一句"多少回我来到你的窗外"，果然男孩来了很多次了，早在第一段就埋下了伏笔嘛。第二句"也曾想敲敲门叫你出来"，这说明什么？

学生1：说明男孩虽然来了很多次，却从未敲门。

师：第三、四句"想一想你的美丽我的平凡／一次次默默走开"。为什么男孩想了想她的美丽和他自己的平凡，就一次次走开了呢？

（组织学生讨论。此时教室里的气氛非常活跃，教师站在讲台上，关注学生讨论，不下去打扰学生讨论）

（3分钟后）

学生2：他不自信，我怀疑可能是他长得不怎么样。

学生3：男孩不勇敢。

学生4：男孩成绩太差。

（同学们的回答让教室里的气氛活跃起来，但他们还是回答不出我想要的答案）

师：大家看看第三句的前三个字"想一想"，有个短语叫——三什么而后行？

学生（异口同声）：三思而后行。

师："三思而后行"不就是说，做什么事情之前要好好考虑一下吗？这表明一个人要学会思考，要理智地分析，做事情不要冲动。

（同学们听了我的话，表示赞同）

师：敲门前男孩思考了，说明他很理智，不冲动。再说敲门后，女孩也不一定出来啊；即使出来了，男孩也不知道会是什么情况，还不如保持这种朦胧的感觉好。所以在这个问题上，我很欣赏男孩的做法，大家也要做理智的人。

（学生若有所思。喧闹的教室安静下来）

（展示第三段歌词）

> 再见了心爱的梦中女孩
> 我将要去远方寻找未来
> 假如我有一天荣归故里
> 再到你窗外诉说情怀

（1分钟后）

师：第三段前两句说男孩没有敲门叫女孩出来，反而决定暂时离开女孩，因为男孩为了理想要到远方去寻找未来。后两句说男孩决定等将来荣归故里、学业有成，再来找女孩。

（学生点头表示赞同）

师：好男儿志在四方，荣归故里当然很好，在外面闯荡出一番事业也是老师和家长的期望。

师：大家知道蒲松龄吗（蒲松龄故居离我们学校5公里）？我找个同学来介绍一下。

学生5：蒲松龄是短篇小说之王，清朝人，他用毕生精力完成了《聊斋志异》。

师：你说得很好。可是大家有所不知，蒲松龄先生当时也想考取功名，但是由于当时黑暗的制度而屡试不中，后来才写了《聊斋志异》。我们试想，如果蒲松龄先生当了政府官员的话，或许会为官一任、造福一方，创造出政通人和的政治局面吧。鱼和熊掌不能兼得，说的就是这个道理。同学们一定要志存高远，外面的世界很精彩啊！

（学生若有所悟）

（展示第四段歌词）

> 再见了心爱的梦中女孩
> 对着你的影子说声珍重
> 假如我永远不再回来
> 就让月亮守在你窗外

（1分钟后）

师：男孩真的决定要离开了，但是离开得很浪漫啊！对着她的影子说声珍重。后面就更浪漫了："假如我永远不再回来／就让月亮守在你窗外"。大家刚刚学过《春江花月夜》，里面有句诗——"滟滟随波千万里"——

学生：何处春江无月明。

师：就像苏轼的"但愿人长久，千里共婵娟"一样，这是多么高的境界啊！

（回放一下第三段和第四段歌词）

师：这里我要专门告诉女同学们——第三段"假如我有一天荣归故里／再到你窗外诉说情怀"和第四段"假如我永远不再回来／就让月亮守在你窗外"。女同学请好好想一想，你们有必要在这里等下去吗？

女生1：女孩子也要走出去寻找属于自己的幸福。

女生2：女同学也应该努力打拼属于自己的未来。

（男同学的掌声一次又一次在教室里响起。这时班上没有了刚开始的兴奋，大家若有所思：原来这首歌词里有这么多的含义）

（老师再把这首歌放一遍，注意观察学生的表情。同学们第二次听得很投入，有个别的男同学看上去很有感触，有的男同学跟着一起唱，还有的在默默地记下歌词）

（屏幕上打出字幕：春华秋实聚一中，雄心壮志赴前程）

师：让我们一起去追逐我们的梦想吧！

（班会结束）

【班会总结】

我觉得这节班会课对班里的一些学生有很大的触动，特别是对那些暗中喜欢某个女同学的男同学来说，使他们在情感上有了升华，本来他们考虑是不是该向女同学表白，班会课之后就有可能不去表白了。后来我又给学生播放过几次这首歌曲，他们每次都听得很投入。其实让他们听，也是让他们在心灵上接受引导和教育，让他们知道好男儿志在四方，大家都要珍惜现在的美好时光，远离早恋，为未来而努力奋斗。

对于学生的早恋问题，批评打骂和围追堵截都是反人性、反教育的做法，而真正符合教育规律、符合人性的做法就是站在学生的立场上去引导他们，引发他们的共鸣，使他们自觉地内省，理智地对待自己的感情。而引导的方式要多样化而不能简单地说教，只有从内心打动学生的教育，才能根植于学生的心灵。逐步培养学生对异性的正确态度，把握与异性交往的分寸，锻炼其理智分析和冷静控制情感的能力，用歌曲来引导学生比批评教育更容易让学生接受。

让歌声在教室里经常响起，让学生在歌声中找到奋斗的方向。

（山东省淄博市淄川第一中学　刘洋　邮编：255100）

操作提示

1. 这是一个非常经典的案例，操作的核心步骤是事先不要说明是爱情教育主题班会，而是流行歌曲欣赏主题班会。这样把教育的目的隐藏起来，出其不意才能够影响学生。

2. 老师要注意不断回到歌词中去引导学生交流，让学生明白歌曲的美好和爱情的责任重大，不能只顾欣赏歌词，而忘记对学生进行爱情责任教育。

3. 记住：欣赏歌词是手段，对学生进行爱情教育才是目的。记住目的，而不要故意显示出来，在虚实、明暗、掩映之间把握班会主题。

第二辑 高二：魅力个性第二年

高二是学生整个高中生涯中最重要的一年，也是班级可塑性最强的一年，更是充满机遇和挑战的一年。这时候，学生经过了一年级新生的好奇和梦想，遭遇了高中生活的平淡，很多学生开始进入了发展的瓶颈。如何树立人生理想，如何消除与长辈的代沟，如何丰富学生阅历，如何锻造魅力班级……就成为班主任工作的重点，也成为主题班会的重点。

这一年，学生逐渐变得成熟、有个性，班级也逐渐变得成熟、有魅力。好班和差班，平庸和卓越，高二是分水岭。高二抓得好，全班集体往前冲，优秀班级就塑造成功了。高二抓不好，分班重组，班级命运也会起伏不定。因此，高二的主题班会，立足点显然不同于高一和高三。

魅力高二、个性品牌班级、在放手中引导、在引导中放手，就成为这一年主题班会的关键词……

一、思想教育性主题班会

追梦，我的高二生涯

【推荐理由】

这节班会课最成功的地方，就是充分挖掘了学生日常生活资源，师生互动，使重建班级的高二学生，把梦想珍藏于内心，又外化为具体的生活，从而滋养了学生的内心世界，促使学生在内心深处展开梦想的翅膀。

【适用时间】高二第一学期组建班级开始

【班会背景】

开学初,学校安排我进行一次主题班会课的公开课,接受了任务后,我就一直在思考确定什么样的主题。恰逢高二年级分科,刚刚组建新的班级,他们将一起生活两年,奋斗两年。如何让学生在高二刚起步的时候树立远大的理想,并激励他们坚持不懈地拼搏奋斗下去,树立"不抛弃不放弃"的信念,是我要重点考虑的问题。基于此,我便把这一次的公开课主题确定为"追梦,我的高二生涯"。

【班会目的】

1. 通过《刀锋战士》及《铿锵玫瑰》的展示,使学生树立"不抛弃不放弃"的信念。

2. 学生能树立远大志向,并在现实生活中努力践行。

【重点难点】

重点:大胆说出心中的梦想,并初步确立自己的努力方向。

难点:通过师生互动和视频展示,树立"不抛弃不放弃"的信念。

【课前准备】

课件,歌曲《最美的太阳》《明天会更好》,6个乒乓球和2只小桶,《刀锋战士》及《铿锵玫瑰》的视频。

【设计思路】

如何通过一节班会课引导学生树立"不抛弃不放弃"的信念呢?我决定带着学生完成逐梦的过程。按照认知理论,对事物的认识是由浅及深的,我希望通过学生日常生活中所体现出来的"不抛弃不放弃"的举动以及名人励志故事来激发学生的斗志,从而自然而然地使学生产生自觉逐梦的意识。

基于此,班会按四个乐章进行:①梦的开始;②梦的畅想;③梦的追逐;④梦的希望。

【班会实录】

合:各位老师、各位同学,大家下午好!

王峰(以下简称"王"):我是王峰。

余芳(以下简称"余"):我是余芳。今天非常高兴请到各位老师,也非常感谢你们能来参加我们135班的主题班会——

合：追梦，我的高二生涯！

第一乐章：梦的开始

王：人类因梦想而伟大，生活因梦想而精彩，古往今来，人类在编织着梦想与希冀，遥望苍穹，星光闪烁，诉说着先人祈福的呢喃和虔诚的祷告。

余：那梦想是如此真实，又如此遥远，因为那是心中不灭的追求，是浮于现实的繁华与幻想。

王：循着古人的来路，我听到了杜工部"安得广厦千万间，大庇天下寒士俱欢颜"的呼唤，这是忧国忧民的呐喊，是杜甫心中最大的梦想。

余：收回目光，我听到了鲁迅先生仰望星空的感叹，"寄意寒星荃不察，我以我血荐轩辕"，"心事浩茫连广宇，于无声处听惊雷"，这是先生用笔救国的梦想。他纵然对现实失望，但没有绝望，彷徨中的呐喊唤起了国人的奋起和努力！

合：他们，都是现实中坚强的逐梦者！

王：我也是一个逐梦者。从很小的时候起我就对播音主持有着浓厚的兴趣，但实现这个梦想并非易事，于是，我不断努力，不断尝试，从不退缩。

余：是的，王峰的努力我想大家是有目共睹的，但口说无凭，下面就让王峰为大家带来一段绕口令吧！

王峰表演绕口令

王：打南边来了个喇嘛，手里提拉着五个鳎目（mǎ）。打北边来了个哑巴，腰里别着个喇叭。南边提拉着鳎目的喇嘛要拿鳎目换北边别喇叭哑巴的喇叭。哑巴不愿意拿喇叭换喇嘛的鳎目。喇嘛抡起鳎目就给了别着喇叭的哑巴一鳎目。哑巴摘下喇叭就给了提拉着鳎目的喇嘛一喇叭。不知是提拉着鳎目的喇嘛抽了别喇叭的哑巴一鳎目，还是别喇叭的哑巴打了提拉着鳎目的喇嘛一喇叭。喇嘛回家炖鳎目，哑巴回家吹喇叭。

（全场掌声不断）

王（继续）：出东门，过大桥，大桥底下一束枣，拿着杆子去打枣。青的多，红的少，一个枣，两个枣，三个枣，四个枣五个枣六个枣七个枣八个枣九个枣十个枣九个枣八个枣七个枣六个枣五个枣四个枣三个枣两个枣一个枣。这是一段绕口令,一气说完才算好!

(全场掌声)

余:看来王峰所言确实非虚,他为他的梦想一定付出了不少努力。那么,王峰你觉得累吗?

王:只要能实现自己的梦想,无论追逐梦的道路是多么曲折艰难,我都会奋力拼搏,充满力量!

余:是的,如果把梦想比作太阳,那我们的生活就因为有了这太阳而变得更加温暖、光明、充满活力!

王:下面就让我们来共同感受这太阳的力量吧!一首《最美的太阳》唱飞我们的梦想!让我们合唱《最美的太阳》。

(歌词略)

余:我们的世界,因为梦想才美丽;我们的天空,因为梦想才不会黑暗!

王:梦想,是我们成功路上的堡垒,然而,在通向梦想的道路上,却布满了荆棘。

余:尽管如此,我们也要抱着梦,往前飞,不逃避,不后退。

第二乐章:梦的畅想

王:杜鲁门曾说过:"梦是心灵的思想,是我们的秘密真情。"每个人都拥有自己的梦想,下面就让我们一起来探寻我们内心的那个梦吧!

余:接下来进入"梦的畅想"环节。我们请几位同学来谈谈吧!

唐凌云:我的理想是当一名军人,保家卫国,为人民服务,为祖国贡献一分力量,这是一个光荣的事业,体现的正是我们男儿的本色!

吴敏:我的理想是当一名律师。我抬头仰望庄严的国徽,国徽下有我的家。我要成为一名富有正义感、面对黑暗毫不畏惧的律师。

庄冰冰:我的梦想是当一名设计师。不管道路有多坎坷,我都会坚持不懈,永不言弃。长风破浪会有时,直挂云帆济沧海,我一定会为我心中的梦想努力拼搏的。

(主持人询问还有谁想谈心中的梦想。我灵机一动,为什么我不来谈谈自己的理想呢?于是,我大声说:"我来谈谈!"学生们热烈地鼓掌)

师：刚才听很多同学畅谈了心中的梦想，我很感动。你们的梦想虽各不相同，但都非常高远。我也来谈谈自己的梦想。我的梦想很简单，我希望带领大家快乐地走完你们的高中生涯，我希望看见你们健康地成长。我希望你们不只是为应试而生活，我希望你们能成为真正有思想的人！我希望我们能拧成一股绳，团结在一起，一起奋斗，一起拼搏，一起欢笑，风雨同舟。我梦想将来在座的各位都能实现自己的理想，都能走出自己亮丽的人生！（全场鼓掌）

王：刚刚大家都谈了自己的理想，确实十分美好，它是大家心中一份美好的希冀。

余：我们班还有几位同学，想用诗歌朗诵的方式来表达他们的心声。

王：下面请听诗歌朗诵——《理想》！（由杜黎、李薇、李陈欢、刘中星、王峰、李仰升、唐志强等人表演）

> 理想如珍珠，一颗缀连着一颗，
> 贯古今，串未来，莹莹光无尽。
> 美丽的珍珠链，历史的脊梁骨，
> 古照今，今照来，先辈照子孙。
>
> 理想是罗盘，给船舶导引方向；
> 理想是船舶，载着你出海远行。
> 但理想有时候又是海天相吻的弧线，
> 可望不可即，折磨着你那进取的心。
>
> 理想使你微笑地观察着生活；
> 理想使你倔强地反抗着命运。
> 理想使你忘记鬓发早白；
> 理想使你头白仍然天真。
>
> 理想是闹钟，敲碎你的黄金梦；
> 理想是肥皂，洗涤你的自私心。

理想既是一种获得，
理想又是一种牺牲。

理想如果给你带来荣誉，
那只不过是它的副产品，
而更多的是带来被误解的寂寥，
寂寥里的欢笑，欢笑里的酸辛。

理想使忠厚者常遭不幸；
理想使不幸者绝处逢生。
平凡的人因有理想而伟大；
有理想者就是一个"大写的人"。

（全场掌声）

余：从刚刚的诗歌朗诵中，我们看到了同学们对梦想美好的畅想，同时也明白了在追逐梦想的过程中，我们一定要——

合：永不放弃！永不心灰意冷！永存信念！

第三乐章：梦的追逐

王：普罗科特曾经说过，梦想一旦被付诸行动，就会变得神圣，所以大家要为了自己的理想而努力、而拼搏，不抛弃不放弃。今年的残奥会大家肯定还记忆犹新，运动员们为了实现梦想，挥洒着汗水。

余：下面我们进入"梦的追逐"环节，让我们在游戏中亲身体验残奥会运动员为实现梦想而付出的艰辛吧！

王：我们的游戏叫作"黑暗的投球者"，游戏规则是老师和学生各分为一组，每组5人，每人拿3个球，然后闭上眼睛将球投入"球筐"，以最终"球筐"中球的个数定胜负。

余：获胜的一方可以用手上的贴纸贴自己想贴的老师或学生。下面我们开始游戏吧!

(学生纷纷举手要求玩这个游戏。主持人选了几个经常打篮球的老师来玩游戏。为了使游戏更公平,我派一个学生专门捂住投球者的眼睛。游戏气氛相当热烈,学生先投,每投丢一个,学生就大叫,表示惋惜。一连3人都没有投进一个球,这时那个学生松开了捂眼睛的手,悄悄"放水",第四个学生3个球都投进了,学生自然一片欢呼。后来第五个学生也没有投进。该老师们投了,捂眼睛的学生可积极了,使劲地捂住老师的眼睛,没留一点缝隙。老师们每投丢一个,学生就大声欢呼,似乎打了胜仗。但是老师们经验很足,也投进了3个。是个平局。我正想让主持人宣布平局时,不知道是谁在学生的篮筐里添了一个球。后来有学生说是一个老师加进去的,看样子下面的老师也挺投入的。学生们最后拿着贴纸往自己喜欢的老师脸上一阵猛贴,全场爆笑)

余:从刚刚的游戏中,大家应该都体会到了残奥会的运动员为了站到赛场上,经历了怎样的磨难!

王:追逐梦想确实是一个艰辛的过程,但同时也给了我们太多的震撼与感动!

余:下面,让我们来欣赏几段录像,感受一下追逐梦想者的顽强坚毅、无所畏惧、乐观向上吧!

(播放《刀锋战士》——南非选手皮斯托瑞斯在残奥会上的比赛录像)

(学生们看见皮斯托瑞斯双腿截肢,但仍然在跑道上快速地奔跑,都惊呆了!因为主持人也不知道我准备的录像内容,一样被惊呆了)

王:这段录像我也是第一次看,真不敢相信这位运动员竟然能这样奔跑!

余:同学们刚看了录像,一定十分有感触,我也听到了同学们发出的感叹声。下面就请几位同学来谈谈自己的观后感。

彭佳:我想每个人看到这幅画面,心灵都会受到很大的震撼。不仅因为那残缺的身体,更因为那残缺身体爆发的那股力量。

李新胜:刚刚看到这位残疾运动员,我不禁想到了我的一个同学。她也如这个运动员一样,身残志坚,怀着梦想,为了自己的理想而奋斗,最终走向了成功。我想我们这些身体健全的人,应该向皮斯托瑞斯学习,更应该努力拼搏,追求自己的完美人生！

王：是的，我们不能不为皮斯托瑞斯感动。皮斯托瑞斯在本届残奥会上夺得了 100 米、200 米、400 米赛跑三块金牌，这样的成绩，简直是一个奇迹！

王：其实并非残奥会的运动员才追逐自己的梦想，我们身边也经常有感人的事迹发生。

余：是的，比如这一次校运会，就给我们留下了许多的感动。下面我们再欣赏一段录像，来感受当时的惊心动魄吧！

（播放《铿锵玫瑰》——校运会女子 800 米比赛中我班唐炬辉、孟莹最后冲刺的录像）

（唐炬辉夺得了第一名，但她跑完 800 米后完全虚脱，连站起来的力气都没有了；孟莹在最后 20 米超过了前面的选手，夺得第二名）

王：看了录像，同学们仍然十分激动！下面我们请当事人来谈谈自己当时的感受吧！

唐（有点害羞）：……

余：唐炬辉，我看见你跑完了 800 米，连站起来的力气都没有了，但是你最终获得了第一名，是什么支撑着你跑完 800 米的？

唐：这次校运会我之所以能得第一名，是因为我相信我不比别人差，别人能做到的，我也一定能做到。再加上旁边的同学们为我加油，我咬咬牙，就有了跑下去的动力。所以这次的成功不是我一个人的功劳，是大家共同努力拼搏的结果。

孟：刚开始的时候，同学们拼命地为我加油，我也拼命地跑，没有分配好体力。结果第二圈的时候我就有点吃力，再加上跑道的另一边没有同学加油，我的脚步就放慢了，被另外一名选手超过了。后来冲刺的时候，余芳在旁边使劲地为我加油，鼓励我超过对手，我突然憋了一口气，就超了过去。跑完后，我告诉自己，不能倒下，不能倒下，我一定要站着迎接胜利，所以我一直坚持着，其实我真的好想躺下来休息。后来我也对这次比赛想了很多，比赛之前我非常紧张，害怕自己跑不好，可结果让我很满意，这说明拼搏的过程中是需要付出努力的，这样才能有一个好的结果。再就是要有毅力，800 米赛跑是一个考量毅力的比赛，没有毅力是没有办法完成的。另外,我更感受到了集体的力量,如果没有啦啦队的加油,我恐怕不能获得第二名的好成绩,这告诉我在拼搏的过程中,还要依靠集体的力量。总之,我们要有梦想,要有不放弃的信念!

(全场鼓掌)

余:两位当事人说得真好。在比赛的过程中,自己的努力固然非常重要,但也需要他人的帮助。作为学生,我们除了自己在学业上努力外,也需要有人来指点、引导我们。

王:老师就是一个很好的引领者,是我们的指路明灯。潘老师作为我们的班主任,想必有很多话要对大家说,下面有请潘老师发言!

(全场鼓掌,学生期待地看着我)

师:皮斯托瑞斯在自己的人生路上,一直追逐着自己的梦想,他期待有一天自己既能参加残奥会,也能参加夏季奥运会,与正常人同场竞技。我们从录像中听到了他的豪言壮志。是什么在支撑着皮斯托瑞斯呢?就是不抛弃不放弃的信念!我们也看到了我们的同学在校运会上的表现,唐炬辉和孟莹两位同学之所以能取得成功,也是因为在比赛的过程中一直不抛弃不放弃。我希望每位同学都心存不抛弃不放弃的信念,这样,哪怕是遇到了再多的困难和挫折,也一定能战胜困难和挫折。

同学们,我将与你们一同走过高中阶段,我向你们承诺,无论你们遇到了什么样的困难和挫折,我都会抱着不抛弃不放弃的信念,带着你们去迎接挑战,去开创美好的明天!

(全场鼓掌)

第四乐章:梦的希望

余:从潘老师的发言中,可以看出他对我们的殷切期盼,相信同学们一定不会让老师失望,我们一定会追逐自己的梦想,健康快乐地成长!

王:人人都有梦想,人人都应有梦想,人人也都能实现自己的梦想。下面我们进入"梦的希望"环节,请同学们写一封信给自己,在信中写出自己的理想,以及为实现理想而应做的努力。

余：信写完之后，将它投到我们的"逐梦箱"中，谁也不许打开，信的内容只有自己知道。这个"逐梦箱"会一直摆放在教室里，每天都能看到，以激励我们不断地前进！

（学生写信，并陆续将信投进箱子中。每个人都神情严肃，会场气氛肃穆）

余：生活中我们如能充满希望，并为了实现自己的梦想不抛弃不放弃，努力拼搏，奋勇向前，我们便能奔向灿烂的明天！

王：下面请李微、李新胜同学为我们带来一首歌《明天会更好》！

（歌词略）

（越来越多的同学加入演唱中，最后变成大合唱）

合（在歌声即将结束时）：循着古往今来的道路，我抬头仰望天边的星空，梦想与现实交轨在生命里，让我们用胸怀天地的凌云壮志拥抱梦想，用虚怀若谷的情怀书写现实中人生华美的篇章吧！本次班会到此结束！

（请老师、同学离场）

【班会总结】

这节班会课，得到老师们的一致好评。我也从中得到了许多启发。我认为从班会的板块设计和内容上来说，要力求做到以下几点。

（1）各个板块要力求新颖，连接紧密。这堂班会课分为四个板块，每个板块紧密围绕主题设计，各板块间衔接紧密，构成了螺旋式的阶梯递升结构。

（2）要有学生的真实材料，最好能给学生以意外之喜。那个校运会的录像就让学生感到很意外，许多学生根本就没有想到，尤其是当事人唐炬辉，更是没有想到自己能成为焦点人物，这极大地鼓舞了她的斗志。后来她在学习上一直严格要求自己，取得了不小的进步。

（3）要有震撼的环节。我准备的那个残奥会的录像就很震撼人心，学生都被感动了，这更激发了学生追梦的决心。

总之，这节班会课有效地激发了学生的内驱力，学生在班会课结束后能自觉地采取行动。

（湖南省长沙市第二十六中学　潘雪陵　邮编：410014）

操作提示

其实,"操作提示"的主要内容,潘雪陵老师已经在"班会总结"中说过了,一是各个板块不仅要新颖,而且连接要紧密;二是准备的材料要能够给学生带来惊喜;三是要有震撼的环节。这三点,就是这个案例的操作要点。越揣摩,越觉得有道理。

感兴趣的老师,不妨一试?

二、专题辩论式主题班会

感受亲情,消除代沟

【推荐理由】

1.整个主题班会的思路设计非常务实,节奏紧凑,具有超强的推广价值。

2.主题班会的问题设计贴近生活实际,具有很强的操作性,尤其是班主任老师的恰当点评,非常具有艺术性。

【适用时间】高二第一学期

【班会背景】

高二学生已基本熟悉高中生活,自我意识日益增强,与父母交流多存在话不投机、沟通不畅的情况。亲子冲突多,给学生带来较大的负面影响,也给家长带来一定的压力。建立和谐的亲子关系,成为主题班会需要解决的问题。

【班会目的】

1.通过看亲情画面,温习亲情,深化理解亲情。

2.通过场景再现方式,学习化解亲子冲突的技巧。

【重点难点】

重点:分析冲突产生的原因,培养感恩心、责任心,学习交流技巧与艺术。

难点:认识到自身成长中因个性增强而可能发生的责任心缺失问题,了解交流技巧缺失的根源问题。

【课前准备】

排练原创小品《关灯》，收集歌曲《懂你》、公益广告《爱的传递》、轻音乐《天空之城》等的音频视频，制作PPT。

【设计思路】

从生活中撷取场景，以童年之温馨快乐与青少年之烦恼冲突形成对比，引导学生思考；再现生活片段，分析、诊断并做改善性演练；借助其他影像资料，进一步深化对美好亲情的感知，认识建立和谐亲子关系的重要意义；生活实践与分析提炼相结合，现实冲突与美好愿景相结合。

总体设计如下：

一、欣赏亲情画面，回味亲情

1. 你看到了什么？

2. 你回想起了什么？那是在什么时间（0~17岁）？

3. 你感受、感悟到了什么？

4. 教师总结：冲突取代了温馨。

二、亲子冲突，让"我"心忧

1. 总述亲子沟通的现状。

2. 学生说心声。

三、剖析案例，寻找对策

1. 表演：学生表演原创小品《关灯》。

2. 交锋：母亲与孩子孰是孰非？

3. 解读：理性地看待类似事件。

4. 化解：情境再现，尝试化解。

5. 教师总结：我们要正视一个事实，在伟大的亲情面前，往往我们错得更多。

四、感悟提升，超越自我

1. 播放：中央电视台公益广告《爱的传递》。

2. 静思：有很多东西讲出来可能就变味了。让学生有所感悟，在生活中有所行动即可。

五、教师总结

1. 接纳家长的教育方式、情感表达方式。

2. 幸福很大程度上掌握在我们自己手中,只要我们勇于付出、承担、履行责任和义务。

3. 表达爱心,践行责任(家庭——学校——社会),生命放异彩。

4.《懂你》开头,《懂你》结尾,真正懂你,从而爱满天下。

【班会实录】

(课前播放音乐视频《懂你》)

一、欣赏亲情图片,回味亲情

师:今天,来了这么多客人,杨老师内心里非常温暖。今天,我们将探讨一个与温暖相关的主题,那就是"亲情"。先请同学们看两张照片,告诉杨老师,你看见了什么?

(出示幻灯片)

学生1:我看到了母子、父子,还有一个妇女在照顾老人。

学生2:我看到了孩子和家长在一起都非常开心。

学生3:我觉得这一幕很温馨,他们很幸福。

学生4：这个父亲的眼神关切地看向他的孩子。

学生5：我看见两个孩子都笑得很开心，玩得很开心。

学生6：我看见那个妈妈和孩子在玩猜拳的游戏。

师：下面请大家告诉我，看到这两张照片，你想到了什么？在你的人生经历中，有没有类似的画面？

学生1：我6岁的时候，正在换牙齿。我在这边，我爸爸在那边。我爸爸肚子很大的，我就从这边跑过去撞他的肚子，结果我的一颗牙齿就掉下来了。

师：把牙齿撞掉了，你也感觉很开心吗？

学生1：我感觉比较神奇。

师：噢，感觉神奇！觉得爸爸的肚皮好奇怪，是吗？（学生笑）

学生2：我想起了很小的时候，妈妈带我到河边玩，我玩得很开心。

学生3：我小时候的照片基本上拍的都只有两个人，因为负责拍照的那个人不是老爸就是老妈。他们是想用照片让我记住那时的幸福。

……

二、倾诉内心苦衷，交流两代心声

师：刚才大家讲了很多，但我发现同学们刚才所有的回忆，基本上都在10岁之前。这意味着什么问题呢？童年的生活、童年的家庭，是那么的温馨。但现在，我们回想的内容里面，却充满了冲突。好多家长跟我讲："孩子和我们没话讲了。"同学们也说："跟他们讲不通的。"下面这个环节呢，我请同学们谈一谈自己为什么不太愿意和家长交流。只要是真实的、发自内心的想法，怎么讲都行。哪位同学先来说说？

学生1：我不愿意和家长交流主要是觉得想法不一样。我举个例子，中考填志愿的时候，我要填报长河高中，我爸一定要我填报十五中。他们说，我不考进十五中，他们就不理我、不管我的学习了。我爸出差的时候，我自己填报了长河高中，他回到家就痛骂了我一顿，一个月没和我说过话。

学生2：和家长交流，他们经常要问我学习成绩之类的事情，我感觉很烦。

学生3：我妈妈很重视我的学习，但我的成绩一直上不去，然后她就一直来烦我，什么事情都要扯到学习上去，我觉得和父母之间有很深的代沟！比如我要出去玩，他们就说："你给我学习学好或者作业做好再说。"

学生4：我从初中开始就住校了，后来一直住校。平常我爸妈也不太打电话给我，我觉得有一点恶性循环，交流得越少就越不想说了。

师：那么，你们内心里到底渴望什么样的亲子关系和家庭氛围呢？说一说为什么。谁来说？

学生1：我希望爸妈都在身边，因为我爸妈一年之中只有8天在家，所以我们很少有时间交流。

师：希望跟他们在一块儿，这个要求不高，但是听了让人心酸。

学生2：我们家很闷的，大家话都很少，我希望父子像兄弟一样。

师：希望像兄弟一样亲近一点儿，是吧？

学生2：不过现在蛮好的。

师：比以前要好，我们现在长大了，领悟了。

学生3：我希望回到家里爸妈都是笑着的，不会板着脸，因为我爸爸很凶，小时候，他瞪一眼我就会哭的。

师：那我想问一下，你有没有跟你爸爸讲过："爸爸，我希望看到你的笑脸。"

学生3：这种话说不出口的。

师：哦，说不出口啊！

三、剖析典型案例，寻找解决对策

师：刚才同学们讲的还是比较温和的。其实，在生活中，很多亲子之间的冲突很激烈，有的是因为一些很小的事情而演化成家庭的矛盾，甚至发展成长期的冷战。

下面，我们就来看一个案例，看看亲子之间到底什么地方出了问题。

关　灯

周末晚上，儿子躺在卧室的床上看电视。爸爸妈妈散步回家，推门进来，发现客厅里灯火通明，随手关了灯。

妈妈（生1扮演）：臭小子，连灯都不关。客厅里的灯开了这么长时间，你怎么也不知道关一关啊？

儿子（生2扮演）：又没有很长时间，你出去怎么不关呢？

妈：这么开着，多浪费电啊！你这么大了还让人这么操心！

儿：你出去不知道关，干吗要我关？

妈：你不要这么懒，回家来就只知道看电视，也不做点家务！

儿：我一个星期在学校，什么都是自己干，已经很累了，回家来还要叫我干？

妈：对面阿姨家的小孩也在读书，为什么人家成绩好，又很乖，还能主动承担家务？

儿：不要老是拿我和她比，我是我，她是她，我再不好，也是你生出来的。

妈：你……

师：昨天，有同学跑来跟我讲："杨老师，这话简直就是我妈妈讲的。"看了这个片段，我相信同学们有许多话要说。这个问题的产生，孰是孰非？

学生1：我觉得他们两个都有错。妈妈不应该把所有的错都怪到儿子身上；儿子自己也有错，他不能只把问题推给别人，而应该想想自己有没有错。

师：这是一个观点。来，想想片段中的这个结果到底是谁造成的？儿子竟然说："不要老是拿我和她比，我是我，她是她，我再不好，也是你生出来的。"这已经是很尖锐、很激烈的矛盾了，怎么会演化成这样的结果？

学生2：我觉得是家长的错，她太宠他了。之前一定是父母对他太好了，所以他才一步步变成这样。

师：原来接受的爱太多了，所以产生现在这样的结果。

学生3：我觉得是儿子的错。这儿子很浑蛋。我就不跟我妈妈吵架。（学生笑）

师：你妈妈非常幸福。（学生鼓掌）

学生4：我觉得是妈妈的错。妈妈不应该拿别人家的孩子和他做对比！这样会让孩子的心里很难受的。

师：本身就比不过人家，自己心里也很明白，你还拿别人跟我比，是吧？

学生4：妈妈应该鼓励他。

师：非常好。杨老师有几句话想说，是发自内心的：一、我们的同学能够真实地表达内心的想法，怎么想就怎么说，勇气可嘉。二、刚才有很多同学能够理解体谅父母，有朝一日，他们为人父、为人母的时候，将会是好的父母。三、刚才同学们表达了一个意思，最讨厌父母亲拿自己跟别的孩子比，我希望你们长大以后不要做这样的傻事。

刚才我们讨论了这么多，现在再来仔细看看妈妈讲了什么话。（幻灯片展示妈妈的话，具体语言略）大家把这些话放到一块儿读一读。就是我们同学刚才表达的，母亲渴望自己的孩子成长，希望孩子能够为家庭分担哪怕是关灯这样的小事；母亲希望自己的孩子比别人的孩子更优秀、更出彩。或许妈妈在语言上有那么一点责怪，但是我认为这种责怪是可以理解和接受的。毕竟我们已经17岁了。

再来看看孩子。（幻灯片展示儿子的话，具体内容略）我们用心来体会一下，这个孩子的话语背后潜藏着什么？把四句话搁到一块儿看，孩子身上缺失了什么？谁能发现？想到了就举个手。

学生1：我觉得孩子缺少沟通能力。他说话太冲了，如果说话委婉一点，就不会跟妈妈吵起来了。

学生2：我觉得这个儿子有点自私。

学生3：我觉得他缺少感恩之心。

学生4：我觉得这个儿子没有责任感。

师：没有责任感，责任感极度缺失。你看他说："干吗要我关？"好像不该他自己干，是吧？

学生5：我觉得他缺少一颗良心，没有孝顺之心。

学生6：我觉得他缺少对母亲的理解。

学生7：我觉得他缺少的是善良。

师：好，同学们，我们讲了很多，冷静下来好好思考，会发现这对母子都存在问题。一是孩子身上存在的问题——对父母缺少理解，缺少责任心，缺少善良。二是妈妈在沟通技巧上存在问题。但是，相比较而言，谁的问题更严重呢？请大声地告诉我：是责任感丧失严重，还是表达技巧差严重？

学生：责任感丧失严重。

师：对，是责任感的丧失让冲突更加激烈，这是最为严重的。下面我们来试一试，看看哪个同学面对母亲的责备能够把问题消于无形，让我们的家庭回到应有的那份温馨。谁想得到？想到的举手！然后我们分组表演母子，好不好？现在开始——

（第一组表演）

学生1：客厅里的灯开了这么长时间，你怎么也不知道关一关啊？

学生2：嗯，我忘记了，以后会关的。

师：噢，以后会关的。他意识到了这个问题，可以点到为止了。

（第二组表演）

学生1：客厅里的灯开了这么长时间，你怎么也不知道关一关啊？

学生2：啊呀，我忘记关了，呵……（学生笑）

师：就好了是吧？他有一个神情，傻笑，妈妈的气肯定就烟消云散了。有语言，有体态，好！

（第三组表演）

学生1：客厅里的灯开了这么长时间，你怎么也不知道关一关啊？

学生2：妈妈，不好意思，电视太精彩了，我看得都着迷了，下次一定记得关。妈妈，你走路累不累啊？要不要我倒杯茶给你？（学生热烈鼓掌）

师：委婉解释原因，并且能够体贴妈妈，把矛盾消除在主动化解之中，非常精彩！

（第四组表演）

学生1：客厅里的灯开了这么长时间，你怎么也不知道关一关啊？

学生2：啊？灯开着啊？（学生笑，鼓掌）

师：装糊涂，是不是啊？其实这个时候妈妈也不会怪你了。我上次在教室里讲，杨老师是表演天才，没想到我们的同学青出于蓝而胜于蓝。好，next！（学生笑）刚才有那么多同学举手了，好，来！

（第五组表演）

学生1：客厅里的灯开了这么长时间，你怎么也不知道关一关啊？

学生2：我怕你进来摔倒。（学生热烈鼓掌）

师：对的，我这个灯是专门为你开着的。妈妈哪怕是在单位里被领导批评了，有这么个孩子也会觉得开心的。

杨老师有两个不大成熟的想法，厚着脸皮提出来跟同学们一起分享。你们可不要笑！"妈妈，下次，我保证记得关掉！"我对妈妈信任着呢，想都没想妈妈也会忘记关灯。"电视真的太精彩了，我都没注意到客厅还亮着灯呢。""妈妈，听到你回来，我才打开的。"

同学们，看来，我们把问题都解决了，但是必须明白，前面的这些话，如果你内心没有感觉到自己是错的，就叫作欺骗。如果你内心真的感觉到这件事情做得不妥当，用这些方法把它绕过去了，我认为这是一种艺术。相比较而言，我觉得最重要的是你内心到底有没有意识到你的问题。

四、欣赏公益广告，感悟亲情魅力

下面，我们欣赏一个大家可能非常熟悉的公益广告：《爱的传递》。杨老师是百看不厌，每次看，内心里都会涌过一阵暖流。

（播放视频《爱的传递》。一位年轻妈妈为婆婆洗脚，年幼的儿子看见了，也跌跌撞撞地端来一盆水为妈妈洗脚）

师：现在请同学们闭上眼睛，好好想想，在我们的亲子沟通过程中，是不是像前面所说的，其实很多问题是出在我们自己身上。爸爸、妈妈都在用心传递爱，我们要用心去感受，用心去承担自己的责任。我相信，你悟到了，努力践行了，我们班会课的目的也就达到了。让我们做一次心灵的独白，你可以不讲的，感受到就行。如果说你有想法，要表达一下，也是可以的。闭上眼睛，伴随着音乐静默一分钟。

五、听音乐触动心灵，布置作业实践

（轻音乐《天空之城》响起）

师：听到这段音乐，我总有一种表达的欲望。有想法的同学把手举起来，我们请他说一说。

学生：刚才妈妈洗脚的片段，我以前在电视《家有儿女》里面也看到过。那个小孩的学校布置作业——给爸爸妈妈洗脚。他是当作一项任务去做的。那时我就跟自己说，我也要给爸爸妈妈洗一次脚，但是一直没有做过。我爸爸以前叫我帮他剪脚趾甲，我总是很不情愿地帮他剪，还经常忘记。昨天打电话给爸爸，他说他得了重感冒，让我回家的时候小心一点。我们老师讲过，感冒的时候，洗一下脚、按摩一下脚底对感冒是很有帮助的。今天，我决定晚上回去就给爸爸妈妈洗脚。

师：真好！Father and mother，I love you！首字母组合起来就是family（家庭）。家庭要完整，需要我们每个人的付出。我们的父母用行动诠释了爱心和责任，我们也要用行动去表达爱心、践行责任。幸福很大程度上掌握在我们自己手中，只要我们接纳家长的教育方式和情感表达方式，勇于承担自己的责任，相信我们的家庭将会更加幸福。

今天的课，我们从《懂你》开始，也从《懂你》结束，我希望每一位同学真正学会"懂你"，让世界充满亲情的温暖！

【班会总结】

全国"非智力因素"研讨会在杭州召开，我应邀上了本节班会课，效果良好。课堂上真诚的互动、深入的交流，使学生充分感受到了亲情的温暖，也引导学生更为理性地看待生活中的亲子交流问题，促进了良好亲子关系的形成与和谐家庭氛围的营造。课堂上，随着各个环节的逐步推进，学生的心扉一点点打开，发自内心的话语不断涌现，感动了不少现场观摩的学者和老师，也感动了学生自己。不少学生在当周周末回家时，都用自己的方式表达了对父母的感恩之情，也用恰当的方式表达了自己对亲子关系的理解。不少家长以电话或短信形式对此次班会课给予了肯定。

（浙江省杭州市长河高级中学　杨春林　邮编：310052）

操作提示

1. 要善于挖掘学生日常生活中有感悟的细节，大家才有话可说。
2. 紧密联系学生的身心发展特点，充分调动学生的参与热情，教师引导逐层深入，步步挖掘，最后的提炼与感悟便水到渠成。

三、公益实践性主题班会

我们在行动——义演义卖募捐主题班会

【推荐理由】

1. 公益活动无论在什么时代都不会落伍，作为中学生来说，参与一定量的公益活动，有利于培养其健全的人格，有利于培养他们善良、同情、博爱的美德。但，很多班主任在开展此类活动时不知道怎么做，这个案例就给我们提供了一个翔实的可借鉴的方案。

2. 把主题班会从校内开到校外，从教室开到街头，这个案例拓宽了学生社会实践的空间，值得推广。

【适用时间】 高二第一、第二学期均可（本案例是第二学期）

【班会背景】

三月初，学校团委下发了"学雷锋"活动的工作安排通知，我在班上发表了一个"关注身边的事情、关注弱势群体"的简短演讲，学生非常感动，大家决定把自己参与公益活动的热情落实到去福利院或孤儿院等社会慈善机构献爱心上。

带着同学们的期盼，我们班团支书和几位同学拜访了咸安福利院（九九九康乐中心），向院长咨询了该院的情况。了解到院里现住有60多位高龄老人，他们行动不便，身体健康状况不容乐观，且大多数卧病在床。还有33名孤儿，其中8名已上初中或高中，有少数孤儿为残疾儿童。由于老人年龄大，缺乏生活自理能力，孤儿大部分小于5岁，还有的只有几个月大，院中急需奶粉为老人和孩子补充营养。

返校后，团支书向同学们介绍了福利院的基本情况和困难，同学们热情非常高，通过讨论和举手表决的形式，决定向学校及社会热心人士进行募捐，筹集善款，捐给咸安福利院，以改善老人和孩子的生活。

经过慎重考察和研究，大家确定3月25日下午在鄂州市中百仓储商场门口举行义演义卖活动，用自己挣的钱奉献社会。于是，就有了这次校外主题班会。

【班会目的】

1. 弘扬雷锋精神，教育学生担当社区责任，关注弱势群体。
2. 通过社会实践，让学生接触社会，锻炼学生的能力。

【重点难点】

重点：通过义演义卖活动本身教育学生、感染学生，然后通过捐款和看望福利院的老人和孩子的具体活动，教育学生学会奉献、珍惜生活。

难点：如何把美好的愿望变成现实，让大家的付出有回报，这是一个需要想办法的问题。

【课前准备】

为了争取时间和获得更多的支持，我们迅速向校团委提交了申请书，校团委书记及时向主管副校长做了汇报。学校同意我们外出开展活动，并提出两点要求：一是确保活动的安全；二是义演节目要展现中学生的青春活力，要展现鄂高学子的良好精神风貌。同时我们利用空余时间，拜访了中百仓储商场，向他们表达了我们的想法，希望他们能提供适当的帮助。主管经理表示将大力支持我们的活动，可以无偿提供舞台，我们需要自行准备音响设备、透明的募捐箱和舞台布置。

为了确保本次活动的顺利完成，我们迅速成立了义演义卖捐赠活动筹备委员会，并分为8个小组开展活动：

1. 策划组负责总方案策划、对内对外联络、各组之间工作的协调、督察各项工作的顺利实施，由团支书陈晓锋总负责，朱锐、唐伟等班干部协助配合。

2. 义演组负责义演节目的编排和审查、选聘主持人、演出现场的组织与协调，由王俪颖同学作为义演的总负责人，热爱文艺和表演的热心同学协助。

3. 义卖组负责义卖商品的募集、整理、标价以及义卖的具体实施,由曾天同学总负责,热心同学协助。

4. 宣传组负责对内对外宣传、设计海报、张贴海报、舞台布置以及和媒体的联络,由宣传委员负责。

5. 摄影组负责义演义卖现场的拍摄、整理影像资料等工作。

6. 安保组负责现场的安全保卫工作,确保演员和同学们的财产安全与人身安全不受影响。

7. 卫生组负责现场的卫生、活动结束后打扫现场。

8. 现场导购组负责利用空余时间制作爱心书签,在活动现场照看书籍,为购书者提供指导和帮助,向其送出爱心书签,并安排专人将售出书籍和售出金额做好登记。

在进行义卖的同时,还将举行义演募捐活动,一为义卖助兴,二为现场募捐。为提高义演的可观性,义演组在校园广发"英雄帖",在全校范围内召集有才艺的同学义务演出。经审查,确定13个节目作为义演演出节目,在演出前一天节目义演组做好彩排,并向演员强调演出注意事项。由摄影组全面真实地记录活动现场的情况和感人瞬间,活动结束后整理好影音资料交班主任制作活动光盘。

【设计思路】

1. 用义演推动义卖。全部节目应适合街头表演。
2. 突出义卖主题,加强文字和语音宣传,用义演给义卖助兴。
3. 整个活动安排18个环节,义演和义卖交叉进行。

【班会实录】

现场布置好后,下午1点左右开始义卖,3点开始义演助兴。

促销宣传小组利用音响设备和扩音器,反复播出以下两段内容:

一

走过、路过,爱心不容错过。我们高二(10)班在此代表鄂南高中举行义演义卖活动,为咸安福利院筹集资金,以改善院中老人和孤儿的生活。希望大家踊跃捐款、踊跃购书。

我们不在乎多少，只在乎你的一份爱心、一份善心。大家捐的不是钱，买的也不是书，而是一份又一份爱心。

那些身处痛苦之中的人们需要我们，那些在困难之中的孩子需要我们。让他们感受世间的温暖、人间真爱，是我们每一个人应尽的责任！

各位路过的爷爷奶奶叔叔阿姨哥哥姐姐弟弟妹妹，快过来看看，我们卖的书价格之低，低到你无法忍受！不要一两百块钱，不要八九十块钱，只要一二十块钱，就可以买一本你喜欢的书并表达一份爱心。

二

各位路过的爷爷奶奶叔叔阿姨哥哥姐姐弟弟妹妹，请放缓一下你们的脚步，好吗？这里是鄂南高中高二（10）班组织的为咸安福利院义演义卖活动，稍后将有精彩的义演。

义卖正在进行中……

在这里，各种各样的书籍将以极其低廉的价格义卖，欢迎大家踊跃选购。书，是人类文明的象征，也是人类进步的阶梯。您是否也曾想在书房放些书籍却因高昂的书价而放弃？如果有，你们更应该选择驻足。在这里，你们可以带走自己看中的书，而你们需要留下的，仅仅是一份小小的爱心，那笔钱只是你们口袋中微不足道的零食钱。可是，因为你们的爱心，却可以让那些孤寡的老人、处于困境之中的孩子生活得好一些。

每个人的心中都有爱，我坚信，您今天在这里买回去的，不仅仅是一本书、一个装饰品，更是一份爱。

人人献出一份爱，这世界将会变得更加美好！

下午3点义演准时开始：

1. 开场舞 *Her, Mr. Big*。

2. 主持人出场。

陈：有人曾问我"爱是什么？"

冷：爱，是无形的力量。

李：爱，是有形的希望。

陈：爱，是如泉沁脾的清冽。

张：爱，是如花浓郁的芳香。

合：爱，来自每个人的心中；爱，存在于世界的每一个角落。

张：献出一份爱，你会发现世界有温暖的颜色。

冷：献出一份爱，你会看到身边有灿烂的笑容。

李：献出一份爱，你会觉得心跳有快乐的节奏。

合：凝聚每份爱，将汇成爱的海洋！

（音乐）

合：各位热心的观众，大家下午好！我们是来自鄂南高中高二（10）班的学生。

陈：为了向咸安福利院的老人和孩子献爱心，今天我们在这里举行义演义卖活动。

张：我们的目的是向社会广大热心群众进行募捐，希望大家能奉献爱心，传递温情。

冷：接下来，请欣赏我们给大家带来的精彩演出。

3. 音乐社 *Wow*。

李：舞蹈秀出我们的青春活力，

冷：歌声洋溢我们的活泼甜美，

李：歌舞相伴展现出亮丽风景，

冷：请欣赏我们音乐社为大家带来的歌舞 *Wow*！

4. 义卖宣传。

陈：各位热心的观众，这里是鄂南高中高二（10）班义演义卖募捐活动现场。

张：如大家所看到的，在舞台的那一边就是我们义卖的书籍，这些书都来自我们学校同学的热心捐赠，种类很多，欢迎大家购买。

陈：本次义卖所得善款将捐往福利院，希望大家支持！谢谢！

5. 小品《抓贼这件小事》。

陈：哎，我想问你一个问题哈！

张：嗯，你说！

陈：你有没有碰到过小偷啊？

张：哎，不瞒你说，我还真的就碰到过！

陈：是家里遭小偷吗？

张：那倒不是，是在外面碰到的，我看到他在偷别人的钱。

陈：嗬！那你还蛮幸运的嘛！

张：那是。

陈：我今天啊就让你再见识一次。

张：怎么说？

陈：让你再见识一个另类的贼和一次与众不同的偷窃。

张：哦？那我还蛮期待的嘞！

陈：你待会儿就擦亮你的眼睛看仔细喽！

张：好嘞！

陈：请大家欣赏接下来的小品节目《抓贼这件小事》。

（小品内容略）

6. 爵士舞 Diva。

冷：接下来的这个节目，是一支很有动感的舞蹈。

李：舞姿动感妙曼，有着灵动的美！让我们掌声欢迎这些活泼的女孩们！

7.《百恋歌》。

陈：那似雨绵绵的情怀，释放古典的魅力。

张：那如风飘扬的感觉，绽放内敛的光芒。

陈：雨雪霏霏，如一曲恋之歌，在平静中焕发生机。

下面请大家欣赏《百恋歌》。

8. 义卖宣传。

冷：各位热心的观众，这里是鄂南高中高二（10）班义演义卖捐赠活动现场。

李：我们此次活动是为了向咸安福利院的老人和孩子奉献爱心。希望大家踊跃捐款，向福利院送去您的一份爱！

合：谢谢大家！

9. *Wish you were here*。

冷：There must be a time you felt lonely.

There must a time you wish someone with you.

We wish you were here all the time.

李：你一定曾经有感到寂寞的时候；曾经，你也希望有人陪你；我们希望你一直在这里。

合：请欣赏——Wish you were here。

10.《囧小子》。

陈：嘿，你看过芭蕾舞剧《天鹅湖》吗？

张：废话！我当然看过。

陈：那你看过男生跳的《天鹅湖》吗？

张：那倒没有。

陈：再问你，你看过千手观音的表演吗？

张：肯定的啦！那么有名。

陈：那你看过现代装的吗？

张：这个嘛，还没有。

陈：嘿，那你今天可有眼福啦！走，带你看去！下面请欣赏小品《囧小子》。

11. 捐款宣传。

冷：为大家带来欢乐是他们的目的，大胆、创新是他们的特色！

李：他们是一群快乐的小伙子，他们是让你捧腹的囧小子！

冷：相信大家已经为他们的快乐所感染了吧！

李：别着急，后面的节目同样精彩！

冷：是的！大家在观看节目的同时，还请记得支持我们的活动。

李：是的，请将自己的爱心送给那些老人和孩子们，尽自己的力量去帮助他们。请大家踊跃捐款吧！谢谢大家！

12.《那些年》。

冷：那些年，我们一起悲伤、欢笑。

李：那些年，我们一起追逐、打闹。

冷：那些年，我们一起携手、前进。

李：那些年的回忆，是最美好的曾经，请欣赏歌曲《那些年》。

13. 捐款宣传。

陈：各位好心人士，我们的节目到这里已经接近尾声了。

张：我们这次的活动是为了响应学校组织的学雷锋活动，为咸安福利院筹集善款。

陈：好人好心献万份爱心，真意真情扬千载美情。您的爱心善款是对他们最好的关爱！

张：感谢各位热心观众的到来，我们的时间有限，请各位爱心人士抓紧时间捐款，献上自己的爱心吧！

合：谢谢大家！

14. B—box。

陈：是我听错了吗？大家能告诉我你们听到了什么？哦，有人告诉我听到了鼓声，那大家能猜到接下来要表演的是什么吗？——大家猜得到底对不对呢？我在这里不揭秘了，请睁大你的双眼，竖起你的耳朵，让我们的表演者来告诉你们：那到底是什么？

15. 街舞社。

冷：我们青春，我们有活力；我们阳光，我们有笑容。

李：让舞蹈秀出我们四射的激情，让舞步踩出欢乐的节拍！

合：请欣赏由我们的街舞社为大家带来的一段精彩的街舞秀。

16. 尾声。

陈：在浩瀚无垠的宇宙，人类有一个共同的家；沧海桑田中我们有一个梦——构建和谐世界。

张：梦中的天堂实在遥远，现实的乐园却在你我心中。让我们用团结互助、爱心奉献去创造真正有意义、有价值的人生！

冷：让我们共同努力，架起爱的桥梁，以微笑和关爱播撒欢欣和希望；以温暖和无私传播爱心。

李：让我们携起手，肩并肩，用心点燃希望，用行动播种阳光，让生活更美好，让世界更美丽！

陈：今天的活动虽然圆满地落下帷幕，但这并不意味着结束，而是一个新的开始。

张：还有更多需要帮助的人。不过我相信，只要有了大家的爱，我们会在这条路上看到更多的笑脸！

冷：感谢大家的到来和热心捐款，我们将向福利院的老人和孩子们传达你们的关爱和祝福！

李：感谢大家的支持，我们的活动圆满结束，也为我们的人生添上了精彩的一笔！

合：鄂南高中高二（10）班义演义卖活动到此结束！请需要购书的人到义卖现场进行挑选。

谢谢大家！再见！

（音乐起，全体齐唱《让世界充满爱》，义演活动结束）

【班会总结】

本次校外主题班会，主要目的是两个：一是弘扬雷锋精神，教育学生践行社会责任，关注弱势群体；二是通过社会实践，让学生接触社会，锻炼学生的能力。从实际效果来看，大部分学生都得到了教育和锻炼，市民也受到了感染，社会反响很好，说明在适当的时候，让学生接触社会，通过校外社会实践活动来教育学生，效果挺不错。

活动之后，4月28日下午，我带领学生代表前往咸安福利院，将义演义卖所得的善款6030元以鄂南高中的名义捐给福利院，其中义演募集了500多元，其余为义卖募捐所得。让人感动的是，义卖善款中有接近4000元钱是由一毛、五毛、一元凑起来的，那都是孩子们一点一点挣来的。福利院为表示对同学们的感谢，为我们开具了湖北省公益事业接受捐赠统一收据，并专门在六楼会议室举行了一个简短的捐赠仪式。

整个义演义卖活动，我全部交给孩子们筹办。原来担心这、担心那，后来的实践证明，我的担心是多余的。相反，很多学生在活动中表现出了前所未有的热情和主人翁责任感，让人感动。原来，公益不仅存在于我们成年人的心中，也存在于孩子们的心中！

（湖北省鄂南高级中学　樊会武　邮编：437100）

【操作提示】

1. 校外活动必须取得学校支持。这样的活动要谨慎开展，不要盲目学习，万一出了事情，就很被动。

2. 安全保卫工作是最重要的。开展这样一次校外活动，不出事，就是最大的成功。能够产生一定的社会影响，那是意外的惊喜。

3. 建议对每一个步骤都制订应急预案，实行预案管理，这样有备无患，相信对老师、对学生、对活动本身，都是很有意义的。

四、成果汇报型主题班会

激情飞扬的足球之夜

【推荐理由】

1. 体育运动是强化班级精神、增强班级凝聚力的好机会，一路坚持，一路超越，一路激情，一路团结，比赛的含义已经超越了名次本身。因此，运动会之后马上召开相应的主题班会，可谓是趁热打铁。

2. 主题班会的内容不仅仅有思想工作，不仅仅有上级安排的政治任务和教育教学需要，还可以是对各种活动的总结。本次主题班会，从这个意义上说，在题材上具有拓展意义。同时，这也是老师们常常需要考虑的主题班会内容之一，特此推荐。

3. 这次班会原汁原味、生动亲切，班主任的发言很有号召力，有意思，很值得玩味。

【适用时间】高二第一、第二学期均可

【班会背景】

虽然我们班小负于教工队，没能进决赛，但在今晚的季军争夺战中，我们凭借孔垂智最后时刻的绝杀，战胜了强敌，勇夺季军！一路坚持，一路超越，一路激情，一路团结，这次比赛的含义已经超越了名次本身。由于不是周末，而且接近7点球赛才结束，所以来不及准备糖果之类的东西。匆忙洗漱之后，我拿上相机和DV，到教室去记录同学们获奖后的激动，让激动与感动定格在记忆中。还好，廖超华今天请假出去，碰巧遇上某房地产公司搞活动，带回了两枝玫瑰花。我就顺手拿到教室，来个鲜花赠英雄，球员一枝，球迷一枝。

【班会目的】

1. 回顾学校足球联赛的历程，激发同学们的集体荣誉感与自豪感。

2. 检验班级在临时班会中的协调能力。

【重点难点】

重点：激发同学们的集体荣誉感与自豪感。

难点：如何激发学生，使他们有所感悟。

【课前准备】

鲜花、相机、DV、歌曲《我的好兄弟》。

【设计思路】

第一，高中生活是紧张忙碌的，难得有一次较大型的足球联赛，设计班会首先要考虑的肯定是让同学们畅谈球赛当中的见闻和感想。所以晚读时，我让宣传委员告诉大家准备发言提纲。第二，组织一次临时的班会正好是班干部们自主合作的好机会，所以从准备材料到主持班会等工作，我都交给班干部来做。第三，这次班会除了激发学生的集体荣誉感，还要把球员良好的心理素质和不言放弃的精神渗透进同学们的心里。作为班主任，我在班会进程中会根据需要不时地画龙点睛，提升和突出主题。

【班会实录】

班主任（拖着饥饿、疲惫的身体走进教室。同学们的热情、欢呼赶跑了这一切。班主任为没有事先准备好奖品跟同学们道歉）：由于时间紧，加上无法预知比赛胜败，我们没有能提前给场上的英雄和场外的英雄准备糖果。今晚就让我们开个简单的庆功会。庆功会的第一个程序是我给球员代表和球迷代表各赠玫瑰一枝，代表全班同学对你们表示感谢。

主持人：我们的每一场比赛和今晚的庆功会都会进行录像和摄影。照片会及时上传到空间，视频由班主任保留。若干年后我们再聚首，当男生摸着"啤酒肚"，看着今天狂奔的踢球镜头；女生看着今晚讲台上的激情发言，将是多么令人回味……为了日后能在视频上找到你，请大家踊跃上来谈谈联赛开踢以来的感受。

主持人：球员们为我们班争得了荣誉，是不是先请队长上台为我们来个开场白？（是！）

莫嘉华：我们这几场球一场踢得比一场好，虽然没有拿到冠军，但是踢出了我们班的气势、我们班的团结、我们班的素质。还有我们的门神很给力，中场也很给力，啦啦队就更不用说了。还有，难为班主任了，这么大年纪了，还跟我们在场上拼。（全班大笑）

班主任：停！停！停！今后谢绝这样夸赞班主任，我才三十多岁。（全班又是哄堂大笑）

莫嘉华：我想如果没有班主任的指导和参与，我们这几场球肯定更艰苦。所以除了谢谢我们的啦啦队，还要感谢班主任老人家！（大笑）

主持人：接下来还有哪位给力的球员上来呢？

全班学生（欢呼）：门神！门神！

（门神韦振永比较害羞，加上没有心理准备，一时没有上台）

主持人：听班主任说，我们班守门员韦振永是几个资深教工球员公认的三中最佳门将。一个场上无所畏惧的门神，还怕上讲台吗？我们很想知道场上万分危急的时候，韦振永到底有什么想法。

（全班同学再次高呼"门神！门神！"，这回他羞答答地上台了）

韦振永：其实也没什么，看见球就跑出来了。感谢标叔（吴平标）他们这些后卫……

孔垂智：很高兴能跟大家分享我在球赛中的一点感受。由于门神的给力表现和后卫的出色发挥，我们前锋有了更多进球的机会。我最大的感受是看人家踢的时候觉得很容易，到自己踢时就很难，球明明在你前面，半米远就能把它踢进了，但就是踢不进。想象和实践真不一样。我们能获得全校第三名真算得上是天时地利人和了。我觉得我们的表现确实不错，如果不是下雨，场地太滑，那就更好了……

主持人：刚才谁在说进球的事？谁？！哦，我们的标叔！

吴平标：我们前三场都是开场不到 5 分钟就进球了，前三场好像是习惯性进球一样，没什么激情（台下一阵笑声："能进球就不错了。"），然后输给教工队没什么遗憾的，毕竟技术的差距摆在那里。最刺激的是今晚这场球，毕竟是绝杀的球。这场球的转折点出现在门神被对方踢了一脚，自那以后，对方的球就基本没能进我们的禁区，因为我们踢出了血性。从三条线来看，作为后卫，我深切地感受到一场比一场踢得好。第一场我们都是见球就乱踢，根本不管方向。到后两场时，我们都有目的地去处理球，并学会了互相保护位置。中场跟教工踢也不甘示弱，敢抢敢拼；前锋就不用说了，场上最 high 的就是前锋了，进不进球都能像疯了的公牛一样狂奔！（众又笑）

陆旋：以前我从来没有踢过足球，这几场球踢下来真是觉得太好玩了！只是后面两场我感觉体力跟不上，越踢越差。还想再踢几场呢，联赛就结束了。

林富锦（在一番善意的调侃之后谈了球场上的感受）：在门前，班主任传一个球过来，只要一碰就进门了，不知道是紧张，还是女生喊得太大声吓着了我，反正我不够淡定，没踢着，被对方大脚解围了，我很后悔。我觉得学习就像在足球场上一样，要学会淡定。只要淡定，学习的头绪自然就来了。

周亮：作为替补后卫，我虽然不出色，但也不弱。我们班踢球主要是啦啦队非常给力，后卫、中场和前锋都做得非常好，比如孔垂智就非常出色，我相信他的心理素质应该非常好。

主持人：是的，考试能考验人的心理素质，球赛也能考验我们的心理素质，相信我们班的球员通过球赛都锻炼了心理素质。我们热情的啦啦队在哪里呀？班会也可以锻炼你们的胆量的！

罗宝儿：作为一个场上的观众（全班哄堂大笑）。不，不，作为一个场外的观众，我想用三个词来形容我们班：团结、拼搏、有趣。我们在场外的尖叫都是异口同声的，这体现出了一种团结。还有场上队员的队形非常有序，这也是一种团结，应该跟班主任的指导有关吧。队员们不畏强敌，赢得了荣誉和对手的尊敬，这体现出了一种拼搏精神。最后，我想很多同学像我一样，从来没感觉到集体活动这么有趣，喊着喊着觉得时间过得很快，喉咙哑了都不知道。如果把这种团结、拼搏和有趣带到学习中去，我觉得效果肯定很好。

主持人：其他疯狂尖叫的同学呢？谈谈你们的感受吧！

莫豪文：我是坐了两场冷板凳之后才进去踢后卫的。（同学："你好可怜哦。"）第一次上场，班主任安排我在中场，由于我肺活量不够，跑了不到半场，肚子疼，就下来了。后来在后卫的位置上，我终于找到了最好的感觉。只是今晚这场球赛我发挥得不好，基本上没能把球传给前面的队友，但今晚的比赛都是肉搏，这也是一个重要的原因。我还是很喜欢那种疯狂奔跑的感觉。

主持人：大家自由发言，准备好的就上来。

潘永发：对于今天这场球赛，我想说，真是太棒了！首先，我要表扬我们的天才守门员韦振永（热烈掌声），这么多场球下来，除了对教工队那场球，由于球场都是水，被教工侥幸进了两个球（笑声、鼓掌声），在与学生队的所有比赛中，一个球都没丢。其次，我想表扬我们男生啦啦队队长周亮（镜头特写给了周亮）。在我们球员需要鼓励的时候，周亮都会组织啦啦队统一喊出恐怖的分贝，给场上队员鼓了劲。再次，我想表扬场上的队员，由于失误不断，队员遭到班主任的批评和指责，但大家都调整得很快，可以说有着非常好的心理素质。比如我，就不知道被班主任骂了多少次（哄堂大笑）。最后，希望我们能在今后继续发扬足球赛场上的团结协作精神，还有班主任倡导的"出来混，脸皮要厚"的劲头！谢谢！

（陆锡好在女生的尖叫声中走上讲台，看来猛男的粉丝就是多啊）

班主任（模仿汪涵的声音）：这是一个铁血的中场，他的贴身逼抢，连教工队的中场核心林老师都气急败坏了，他的凶悍让敌人闻风丧胆……（全班狂笑）

陆锡好：我们班取得了优异的成绩，那是很正常的，因为我们比别人努力。我也不例外，就是与教工队比赛时被6号(林老师)进了一个球，挺遗憾的。（女生："已经很不错了，很不错了！"）今晚的球赛我的状态非常不好，要不然他们连中场都过不了，太可惜了。（做懊恼状……）

班主任：大家都说说，陆锡好踢球猛不猛？（学生："猛！"）是的！陆锡好同学已经踢得近乎完美了，但从他的发言中可以看出他的遗憾和懊恼。学会面对遗憾也是我们在球赛中的一大收获呀！

我觉得遗憾有两种：一种是"欲求之而不得"的遗憾，这种感觉我相信孔垂智、林富锦和莫嘉华三位前锋感受最深。我踢了将近10年的前锋，感同身受：有些球你碰一下就进了，有些球你压一下重心它就不会打飞了，可现实是没有人能如此精确地把握住每一个机会，纵使顶级球星也不例外。"欲求之而不得"的还有胜利，比如我们面对教工队。说实话，之前教工队面对任何一个球队都不需要做特别的安排，谁先到谁先上场，谁累了谁守门，甚至有时候开始比赛了，只有9个老师到场，就以9人打11人。教工队在淘汰赛中创造了9比1的单场比分记录，可见实力之恐怖。但面对我们，教工队表现出了前所未有的谨慎：更换了专业的守门员，召集了所有主力。就是这样，我们还是创造了很好的机会。如果前锋把握好了面对空门和单刀球的机会，那将是另外一种结果。但我们不需要"如果"，我想说的是，对手强大的实力摆在那里，我们畏惧了吗？没有！我们踢得比以往任何一场都顽强。如果说我们失去的是一场胜利，那么我们必须赢回一种心态：勇于挑战，毫不畏缩的心态。有些胜利还不属于稚嫩的我们，但我们可以做到无所畏惧！

另一种是"欲罢而不能"的遗憾，也就是无法把握自己的状态。有时候没有任何征兆，你的好状态突然一下子就消失了。我们想摆脱这种糟糕的感觉，却无处发力。"篮球之神"乔丹说得好："我跟其他的球星没有什么不同，我也会投丢好球，但别的球星会遭到批评，而我知道就算投丢了100个，下一次队友还是会把球交给我，因为我有解决问题的能力。"错失的机会都已成为过去，我们要做的就是只要队友起球，就往前冲，得球就射门！我想告诉同学们，不要苛求自己有完美的状态，有时候你只要往前冲，相信自己，机会在脚下时你要射门而非犹豫！参透了这些，你的耐挫能力就更强，你在今后的学习和生活中将更加淡定。

主持人：老班（对班主任的称呼）的道理好深刻，够我们思考好一阵子的！感谢老班对我们用心良苦的教导。讲了这么多，老班也要喝水休息一下了，哪位同学来接着说？

主持人：比赛的时候，球迷很热情，但今天上讲台的几乎都是球员啊。球迷呢？球迷在哪儿？球场边，每当比赛紧张的时候，你的心可能都提到嗓子眼儿了，现在可以上来说说当时的心情呀！

韦娇：既然大家那么热情，我也上来讲两句。迎战教职工的那场比赛，我们班输了，但输得很光荣，因为我们班没有表现出那种输不起的粗鲁。我和韦慧琳她们几个看了很多场其他班的球赛，其他班输了就找各种理由，而且球员很粗鲁，啦啦队也大声地喊粗话，显得很没素质。我觉得在这些方面我们班真的做得很好：球员坚韧、专注，啦啦队疯狂而不粗野。

周秀泉：虽然喉咙很痛，我还是忍不住上来说几句。千言万语也无法表达我现在的心情，几场比赛过后，我的感触真的很深。第一个印象是感动，每一场球赛男生都是饿着肚子去的，踢球的时候被人家踹倒了又爬起来。啦啦队也是，球赛结束已经没有饭可打了，很多人就是饿着肚子上晚自习的，导致有一次晚上，班主任带我们集体到饭堂去吃消夜，结果地理老师不高兴。第二是激动，尤其是那些球快进了又进不了的时候，我恨不得从看台跳下去。第三是自豪，我们在每场比赛中都录像和拍照并把照片发到空间，能在这么团结的班集体里生活，真的感到光荣和自豪！

（磨麟礼一走上讲台，女生们立即尖叫——"哇，钢铁后卫！"）

磨麟礼：这几场球赛我虽然表现得不是很好，但我还是想上来说说今晚的比赛。跟高年级的同学踢得真是很辛苦，连我都被撞倒了（台下哈哈大笑）。但我们班很努力，很团结，最终，他们再粗鲁也被我们打败了。

班主任：我有个印象，球一到磨麟礼脚下，女生们都喊"踢出去，踢出去！"。我相信到现在,磨麟礼的耳朵里只有一个声音——(全班女生接上:"踢出去！")

毛中伟:作为后卫,我想表扬一下我们后卫。尤其是磨麟礼同学,与教职工的那场比赛他虽然摔了很多跤,但他还是顽强地把球踢出去,给教职工队造成了很大的阻力。在今晚跟高二的比赛中,我们后卫发扬视死如归的精神,吴平标、磨麟礼和周亮都是要球不要命。唯一的遗憾是输给了教职工队,其实我们有很多机会,但都没进球,如果有可能的话,真想跟他们再来一场。

主持人:班上的男生很努力,也很给力,他们辛苦了,让我们为他们唱首歌吧！

(全班合唱了高进的《我的好兄弟》。虽然说喊加油造成同学们的喉咙疼痛,歌声不算优美,但大家非常卖力,嘶哑的声音引得周围班级的同学围满走廊,跟着唱。)

我的好兄弟

作词/作曲　高进

在你辉煌的时刻
让我为你唱首歌
我的好兄弟
心里有苦你对我说

前方的路一起走
哪怕是河也一起过
苦点累点又能算什么

在你需要我的时候
我来陪你一起度过
我的好兄弟

心里有苦你对我说

人生难得起起落落
还是要坚强地生活
哭过笑过至少你还有我

朋友的情谊呀比天还高比地还辽阔
那些岁月我们一定会记得
朋友的情谊呀我们今生最大的难得
像一杯酒
像一首老歌

在你辉煌的时刻
让我为你唱首歌
我的好兄弟
心里有苦你对我说

前方大路一起走
哪怕是河也一起过
苦点累点又能算什么

在你需要我的时候
我来陪你一起度过
我的好兄弟
心里有苦你对我说

人生难得起起落落
还是要坚强地生活

哭过笑过至少你还有我

朋友的情谊呀比天还高比地还辽阔

那些岁月我们一定会记得

朋友的情谊呀我们今生最大的难得

像一杯酒

像一首老歌

朋友的情谊呀比天还高比地还辽阔

那些岁月我们一定会记得

朋友的情谊呀我们今生最大的难得

像一杯酒

像一首老歌

像一杯酒

像一首老歌

班主任：用我们的团结、激情和努力把250班的体温一直保持下去，把250班的气息散发出去，像一杯酒，像一首老歌，永存于心！今晚的庆祝会到此结束！

主持人：我们全班一起喊一声——"给力，250班！"

【班会总结】

除了那些激动人心的场景，会后给我最大的触动是：一次球赛结束了才开始准备的班会，一次用了不到半个小时准备的班会，学生何以表现得如此充满激情？我觉得只有在活动中有了真实的体验，他们才会有发自内心的激情和自豪。与其说他们准备了不到半个钟头，不如说他们无须准备什么，因为一个多月来他们亲历着、积淀着，今晚只是一个水到渠成的必然结果。班主任如何充分利用活动培养学生情感，升华学生的认识，这可能是告别说教式教育的一个突破口……

（广西南宁市宾阳县新宾中学　李枝福　邮编：530405）

> **操作提示**
>
> 1. 不管班主任个人才能怎么样，在班级活动中，班主任首先都要自己投入，这样才能和学生形成一个水乳交融的局面，学生开展班级活动和主题班会，才不会感到拘束，把班主任当外人。
>
> 2. 趁热打铁永远是搞好班级工作的秘诀。一件大家都很感兴趣的事情，拖延的时间长了，激情就冷却了。所以，在第一时间里开展相应的主题班会，哪怕是准备工作不充分也没关系，激情最重要。
>
> 3. 给学生制造一份念想——让他们对活动有盼头。班主任老师说将给整个活动录像，作为今后高中生活的回忆，我相信，每一个学生都想为自己留下美好的记忆。如何激励学生参加，我们可要想办法哦！

五、模拟表演式主题班会

智慧呵护生命

【推荐理由】

1. 安全教育一直是班级教育的重要内容，但是很多老师苦于没有专业知识，不知道怎么对学生进行安全教育。本案例以非常翔实的专业知识，给广大班主任提供了参考，很多知识可以直接套用。

2. 本案例入选教育部师范司、基础教育司的班级活动教材和好几个版本的主题班会课图书，这本身就说明该案例的价值所在。

3. 用游戏的方式组织本次主题班会，学生参与程度高，操作性也很强。

【适用时间】 高二第一、第二学期均可

【班会背景】

现在经济生活的领域已经不再像过去那样局限于某一个地区、某一个国家，人们为了谋生，脚步已经跨越了不同的地区、不同的国家。他们经常面临着新的

机遇和挑战，也面临着许多意料不到的困境和灾难，在生命遭受威胁时，必要的救生措施和常识就显得很重要了。但是一般的教材并没有专门给学生讲解，所以，这样的知识只能够借助于班会的形式传授给学生。

当然，有的老师认为，这些东西应用的可能性太小了。可是，等到需要用某些知识的时候，谁来临时教我们？所以，我组织学生设计并举行了这次主题班会。

【班会目的】

1. 教给学生一些必要的逃生常识。

2. 培养学生形成遇大事不惊慌的心理素质。

3. 训练他们在灾难中的逃生技巧。

【重点难点】

培养学生面对灾难时的心理素质和逃生技巧。

【课前准备】

1. 号召学生收集相关的资料，制作部分 Flash 动画片。

2. 准备好活动的器具，做好场景设置。

3. 做好活动组织工作。

【设计思路】

1. 洪水中逃生演习。（播放典型成功逃生的 Flash 动画片）

2. 地震中逃生演习。（播放典型成功逃生的 Flash 动画片）

3. 火灾中逃生演习。（播放典型成功逃生的 Flash 动画片）

4. 毒气中逃生演习。（播放典型成功逃生的 Flash 动画片）

5. 台风中逃生演习。（播放典型成功逃生的 Flash 动画片）

6. 沙漠中求生演习。（播放典型成功逃生的 Flash 动画片）

【班会实录】

男主持人：生命是美丽的，生活是美好的，生活与生命，构成了这个美丽的世界。

女主持人：生命需要呵护，生活需要创造，呵护与创造，带给了我们健康和幸福。

主持人合：同学们，我们的主题班会"生存智慧——呵护生命"现在开始！

女主持人：今天的主题班会，将是一个智者生存的班会。谁没有智慧，谁将被淘汰。

男主持人：我们首先来分一下组，全班根据座位分为四个小组，全体成员都要参加游戏。在每次生存游戏中被淘汰的人员，不能够参加下一轮的游戏，因为淘汰就意味着死亡，这是不能讲人情的。只有运用自己的智慧，勇敢地闯过六道关卡，才是最后的胜利者。我们来看看，哪个组幸存人员最多，哪个组就获胜。

女主持人：游戏规则是我们必须运用自己的生存智慧活下去。同学们注意了，每次游戏都不同，请同学们先观看 Flash 动画片，再根据动画片上介绍的技巧参与活动。如果不符合求生技巧，则被淘汰。现在，我们来看一个资料片《洪水中逃生》。

（布景人员布置洪水逃生场景）

一、洪水中逃生演习

洪水如同一次针对文明的扫荡，它如猛兽一样，将恐怖牢牢地刻在中国人的记忆中。目前，我国 1/10 的国土面积、5 亿人口、5 亿亩耕地、100 多座大中城市时刻处于洪水的威胁之中。

灾难实录：

1998 年，自 6 月起长江出现全流域水灾，2140 人在水灾中丧生，伤病人员达 152 万人。

2000 年 2 月到 3 月，莫桑比克发生特大洪水，1000 余人在灾难中丧生。

2000 年 7 月 1 日到 8 月 10 日，中国陕西山洪暴发导致山体滑坡，231 人在灾难中丧生。

逃生者：索菲亚·佩德罗

2000 年 3 月 1 日，莫桑比克的特大洪水还在肆虐，26 岁的索菲亚·佩德罗在离洪水只有 1 米多高的临时树屋里待了 4 天之后，生下了女儿罗西莎。当时正好有一架救援直升机在上空盘旋，救援人员伯克发现这位怀孕的妇女临产，立刻从直升机里下到树上，两分钟后，孩子就出生了。

生存智慧：

到高处去，每升高15厘米，你获救的可能性就增加一倍。面对洪水，中国水利部防洪专家建议：

1. 当水情预报比较紧急的时候，准备好食物和衣服，一旦需要疏散能马上带走；

2. 如果洪水突然降临，来不及疏散，应该向最近的高处躲避，比如楼顶、大树，等待救援；

3. 准备一块大木板或一截木头，最好能扎一个木筏，以助你逃生。

男主持人：资料看完后，我们开始游戏。请各组分别通过洪水区。（游戏方案略）

女主持人：好，大家通过了水的考验，我们的生命又多了一重保险了。现在，我们来看第二个资料片《地震中逃生》。

（布景人员布置地震房屋设备）

二、地震中逃生演习

每年我们脚下的大地都要震颤500多万次。整个20世纪，中国内地发生7级以上地震74次，被袭击省份28个，死亡人数59万人，伤残人数76万人。

灾难实录：

1. 1994年1月17日，美国加州北岭发生里氏6.8级地震，死亡72人，11846人受伤。

2. 1995年1月17日，日本阪神发生里氏7.2级地震，死亡6430人，43782人受伤。

3. 1999年9月21日，中国台湾南投发生里氏7.5级地震，死亡2333人，10002人受伤。

逃生者：孙启峰、孙启先

1999年9月21日，灾难突然贴近了台湾的两个高中生：孙启峰、孙启光。台北市八德路四段东星大楼因为地震突然倒塌，兄弟两人被困在沙发、橱柜及冰箱所构成的狭小空间中。冰箱里的 3 瓶矿泉水和几个苹果、消防员灌注的水和自己的尿给他们提供了生存所需的最基本的东西。129 个小时以后，孙启光自己从救援人员挖开的缺口爬了出来，然后带着救援人员寻找哥哥。

生存智慧：

1. 靠近冰箱。冰箱支撑起倒塌的水泥板，同时可提供待救期间的食物。

2. 坚定的获救信念。

3. "一跑""二钻"最不可取，就近躲避是最好的办法。

4. 地震时保持冷静，地震后走到户外。

5. 不可受伤，不要丧命。

6. 寻找铁三角。

7. 结实的暖气被人看好。

8. 找到一棵树。

9. 如果没有地方可走，卫生间跨度小，钢筋混凝土多，要比其他地方安全得多。

女主持人：好，我们看完了第二个资料片，该回到我们的游戏现场了。现在，请同学们提高警惕，把握生存机会啊！这一次是各组同时上场，分别待在不同的位置，经受地震灾难的考验。（同学上场，就位，游戏开始）

男主持人：很遗憾，有些同学没有按照操作规范去做，有些同学找位置没有找好，只能是地震的牺牲品了。下面，我们继续看火灾中逃生的资料片。

（布景人员布置火灾场景）

三、火灾中逃生演习

灾难实录：

1. 1994 年 12 月 8 日，新疆克拉玛依友谊馆发生特大火灾，288 名中小学生和 37 名教育工作者遇难。

2. 2000 年 12 月 25 日，洛阳市东都商厦四楼歌舞厅发生特大火灾，309 人遇难。

3. 2002年6月16日凌晨，北京市海淀区"蓝极速"网吧发生火灾，25人丧生。

逃生者：王卫红

2000年12月24日夜，王卫红和她的几个朋友到洛阳市东都商厦Happy。晚上9时20分左右，外面传来尖叫声和纷乱的脚步声，一开门，浓烟便涌进了他们的房间。他们立刻关上门，王卫红的男友用右肘将玻璃打碎，他们把头伸出窗外，呼吸新鲜空气，其余3个朋友却在房间里因窒息而死。关门、砸开窗户，这两个关键的举动让他们逃开了火灾时火焰、烟和有毒气体的侵害。

生存智慧：

1. 灾害一旦发生，应保持镇定，拨打"119"报警。

2. 远离电梯：发生火灾时，切忌慌乱，要判断火势来源，选择与火源相反的方向逃生；千万不要坐电梯逃生，它肯定是第一个被关闭的设施；切勿返回屋内取贵重物品，逃生比物品更重要。

3. 低姿势靠墙逃生：逃生中要避免火、烟之危害，一般离地面30厘米仍有残存的空气可以利用，可采取低姿势逃生。

4. 要一路关闭所有背后的门，它能降低火和浓烟蔓延的速度。

5. 如果被困在室内，应尽快到容易获救的地方，如靠近马路的窗口、与人群接近的房间等；设法求救，用电话、手机通知"119"你受困的位置。

6. 如果楼层不高，可以选择从窗户逃生。具体方法是用床单、绳索等坚韧物品做成攀缘工具，从窗户里吊下去。有条件的可以制作滑轮，这样更安全。楼层很高的，要打开窗户呼救，等待救援。

7. 从楼梯等地方逃生时，注意用湿毛巾等捂住鼻孔、嘴唇、耳朵和面部，这样可以避免空气灼伤肺和呼吸道。

女主持人：火灾不要怕，在灾难面前我们要有足够的勇气和胆量，害怕只会使人慌张，反而会失去逃生的机会。现在开始游戏。

女主持人：刚才又有几位同学被淘汰了，我们深表遗憾，虽然是游戏，但是，这些知识将伴随着我们的一生，万一生活中真的发生了这样的事情，被淘汰出局的，将是永远地被淘汰了。亲爱的同学们，生命只有一次，请珍惜。

男主持人：镇静永远是需要的，理智永远是需要的。在灾难面前，只有有智慧的人才能够冷静面对。刚才有些同学也许是因为激动，也许是因为慌张，于是被淘汰了，我们感到很难过，因为真的灾难是没有演习的机会的。我们要在平时的学习、生活、工作中积累生存智慧。

女主持人：下面，我们将进行第四个游戏，先来看看介绍资料。这个游戏，其实我们不先看介绍资料，也应该明白如何逃生，因为在化学课关于有毒物质的介绍中，就有相关逃生的内容。同学们不要以为是文科生，就不用学习理化知识了，生活中有很多知识是很重要的。

男主持人：好，现在请大家观看资料片《毒气中的逃生》。

（布景人员布置毒气场景）

四、毒气中逃生演习

灾难实录：

1. 1984年12月3日，印度博帕尔市的一家农药厂发生数十吨剧毒的液态异氯酸甲酯泄漏。毒物覆盖面积达49平方公里，死亡人数达3000余人，中毒人数达32万人，其中5万人双目失明。

2. 1995年3月20日，日本东京市地铁三条线路的5节车厢同时发生被称为"沙林"（学名甲氟磷酸异丙酯）的神经性毒气泄漏事件，造成125人死亡，5500多人中毒。

逃生者：比姆拉·岱维

1984年12月3日零时过后，毒气外泄惨剧发生了。凌晨5点左右，比姆拉·岱维被她公公厉害的咳嗽声惊醒，四周一片惊呼和哭叫声，谁也不知道发生了什么事情，只觉得眼睛和嗓子里好像被撒了一把辣椒粉。岱维跑到安全地方后，才发现怀中的孩子已经死了。

生存智慧：

向上风区跑，嘴上捂着莎丽（印度民族服装），这是岱维获救的关键。

毒气会通过4种途径伤害我们：呼吸道吸入；皮肤接触渗透吸收；误食误饮；溶解在人体表面含有水分的部位（口、鼻、眼和有汗水的皮肤）再被吸收。

逃生办法：

1. 正确迅速地报警：化学事故发生后，应迅速报警，拨打"119"或"110"应急电话，讲清路名、门牌号和毒物名称、报告人姓名等，同时报告所在地区的政府部门，以便组织应急救援。

2. 逃往上风区：在毒物扩散区范围内的人应迅速到上风方向或有滤毒通风设施的民防工事里逃生。

3. 自制简单的防毒面具：5%碳酸钠溶液（俗称苏打）、5%碳酸氢钠溶液（俗称小苏打）、5%硫代硫酸钠溶液（俗称大苏打），用这些溶液浸泡过的口罩可以有效地保护你的呼吸道。如果慌乱中找不到这些东西，浸了肥皂水的毛巾也是非常不错的选择。

男主持人：我觉得奇怪，为什么在火灾中会有那么多的同学被淘汰出局，而在这一轮的毒气逃生中又大获全胜呢？请部分同学来谈谈感受，好吗？（学生叫好）

学生1：第一轮没有淘汰人，也许大家就掉以轻心了吧，结果在第二轮比赛中遭遇出局的人就多了，这样就会使同学们产生一种紧张感，反而注意了。我听说过这样一个故事：一个迷途的游客在深山里要通过一座危险的小桥，当地的一个姑娘告诉他，必须肩上负重才能够过去，这个游客很不理解，我一个人什么也不提，不是更轻松吗？姑娘告诉他，当地的人已经看到多起不负重的人反而掉下去的事故。相反，到目前为止，还没有看到谁负重而掉下去。道理很简单，轻松的环境容易使人丧失警惕，危险的情境反而能够促使他紧张和认真。

学生2：有一个很重要的客观因素在里边，那就是老师在化学课上讲有毒物质的时候给同学们讲了，大家都知道有毒物质的危害，所以，这一个环节做得比较好。可见，我们有很多的生存智慧早就存在了，只是没有发现而已。

女主持人：还有很多同学要发言，由于时间关系，我们暂停发言，现在来看第五个资料片《台风中逃生》。

（布景人员布置台风来临的场景）

五、台风中逃生演习

提起台风,最有意思的可能就是它的名字。为了避免混淆,气象学家为台风取了140个名字,花鸟虫鱼、天神雷公、星座河流、牛奶布丁,等等,台风的名字包罗万象。但是这些拥有美丽名称的台风累计造成的损失远远高于地震灾害。台风造成的灾害主要是狂风和暴雨。

灾难实录:

1. 1991年4月底,在孟加拉国登陆的热带气旋曾经夺去了13.9万人的生命。

2. 1992年8月24日,"安德鲁"飓风登陆美国佛罗里达州,致使26人死亡,造成400亿美元的损失。

逃生者:林阿明

和其他幸存者不同,林阿明一直是一个以追台风为乐的人。2001年7月1日,林阿明与其他3个追风者登上了风力最强劲的山顶进行勘测,接连穿过的4个旋风将树木连根拔起,旋转的巨木夹杂着大量的雨水砸向林阿明身上,其中一根击中他的头部,他昏了过去。在8号风球通过以后,警方找到了他。

生存智慧:

1. 阳台与庭院内的各种悬挂物品都应该取下收藏,花盆、招牌、遮阳棚都应该在台风到来之前收好,以免伤人。

2. 庭院里无法移走的花木均应支架保护,过长的树枝应提前修剪。

3. 提前检查电路、煤气,注意炉火以防火灾,发现断落电线应尽早通知电力公司。

4. 关闭所有门窗,除进出口外,将其他门窗用木板固定或贴上纸条、胶条,以免窗户被砸碎后玻璃伤人。

5. 远离低洼的地方,人转移到比较安全的楼上。

6. 准备好蜡烛、手电筒、饮用水以及两日所需的食物,以防停电停水,非必要外出时尽量待在家中,家是相对安全的地方。

男主持人:有人说,经历了三次大难,我们就是不死的人了。让我们以热烈的掌声，向通过五道灾难关卡考验的同学表示热烈的祝贺！

女主持人：现在，还有最后一道关卡在等待着我们，这一道关卡，最容易，也最困难。因为在游戏中，将有些很困难的事情需要同学们去做，比如说喝下标明是人体尿液的水——当然，你不要那么紧张，是假的尿、真的水。同时，你还要学会辨别哪些是有毒的植物，哪些植物中有水，搞不清楚，也许就做了沙漠孤魂了。

男主持人：现在，先请我们的同学们来观看资料片《沙漠求生》。

（布景人员布置沙漠求生场景）

六、沙漠中求生演习

沙漠是很多探险者和旅游爱好者的首选之地，全球每年因为探险和旅游而被困在沙漠中的总人数达 1200 多人。经常有人在沙漠中迷失方向或遭遇意外。

灾难实录：

1. 1996 年，法国的一支考察队在撒哈拉沙漠中被困，7 天后才被营救出来。

2. 1995 年，中国著名的探险旅游家余纯顺没有走出罗布泊沙漠，永远地留在了那里。

3. 2001 年 7 月，英国的一支联合探险队在西非大沙漠中遇险，只有一对恋人被营救出来，其余 7 人遇难。

生还者：乔治和爱丽丝

2001 年 7 月 16 日，乔治、爱丽丝和朋友们一起踏上了去西非沙漠的旅程，他们开着两辆吉普车进入了沙漠腹地，美丽的风光让他们流连忘返。但是，谁也没有想到，两辆车竟然同时在沙漠中坏掉，一辆车的发动机无法启动，另一辆车的轴承出了故障。

通信工具无法使用，他们无法与外界取得联系。只是根据租车时与出租车公司签订的协议，如果他们在五日内没有返回，则请求救援。他们出来才一天，也就是说，公司至少要等四天才知道他们遭遇了麻烦。怎么办？只有就地等待救援了，靠人力是无法走出沙漠的。很快，他们所带的食物被消灭干净，水成为最需要的东西。在自己的尿都用完了的时候，他们只好躺在沙漠上保持个人的体能，将损耗降到最低程度。

在最后的水与食物用完后,乔治和爱丽丝感到了死亡的威胁。他们拥抱在一起,乔治对爱丽丝说:"让我们吻着死去。"于是两人紧紧地吻着,哪怕是意识已经模糊了。11天后,救援人员发现了已经昏迷的这对恋人。他们还活着,而其余的7人则已遇难。很多人感叹他们爱的奇迹,而专家指出,灾难发生时,除了足够的氧气外,水也是很重要的。由于两人拥抱接吻,在没有水分补充的情况下,呼吸道挥发的水又被重复使用,这样就延缓了水分的消耗,结果他们得救了。

生存智慧:

1. 在有明确的方位感的情况下,努力步行出去是最好的办法。

2. 尽量使用通信工具,把你的困难告诉别人。

3. 尽量减少水分的损失,在最糟糕的情况下,人体尿液是最方便的补充水的资源。

4. 仙人掌等植物的茎里有足够的水分可以饮用。

5. 避免遭遇沙漠动物。

男主持人:真的勇士,敢于面对惨淡的人生,敢于面对淋漓的鲜血。同学们,我们来看看,哪些同学凭借着自己的智慧和力量活了下来!让我们用最热烈的掌声向他们表示祝贺!

女主持人:智慧是美丽的,智慧是伟大的,智慧就是力量。当同学们成功地突出重围时,我们的生命已经经历了血与火的考验,将变得更加璀璨!

女主持人:今天的班会上,我发现同学们都能够以积极的心态参与,在活动中大胆主动,在观看资料的时候有很多同学还做了记录。对,这就是积极的生存智慧!智慧就在于我们平时的积累当中。

男主持人:我们今天多准备一些知识,以后面对生活就多一份智慧。

女主持人:我们今天多积累一些知识,以后的人生就多了一份保证。

主持人合:知识是智慧的源泉,让我们读书吧,书是人类进步的阶梯。

(班会结束)

【班会总结】

关于生存智慧的班会，我们想了很久。尊重生命是人类的基本认识。近年来，我们修改了部分过去不太正确的提法，在《中小学生守则》里也修改了一些道德规范。其中一个很突出的东西是与坏人坏事做斗争的问题，过去是说要大胆与之做斗争，现在提在保护好自己的前提下积极向公安部门报告。这就显示出了对生命的尊重。再如，不提倡未成年的学生参与森林救火等活动，也是出于对生命的尊重和爱护。所以，呵护生命是我们的社会文明进步的标志。这次班会就在这种思想背景下举行了。大家对实际的灾难自救演练很感兴趣，积极性很高，思维活跃，收到了很好的效果。

（湖南省邵东县两市镇一中　郑学志　邮编：422800）

操作提示

1. 用课件显示各种场合的求生技能，可以节省很多教育时间，使得本课程更具有操作性。

2. 场地布景要尽量真实，没有真实感，学生的参与程度就没有那么高。所以，一定要想办法制作道具。

六、政治宣传式主题班会

雷锋精神伴我成长

【推荐理由】

1. 我们的民族需要雷锋精神，无论什么时候，雷锋精神都是我们的时代不可缺少的财富。雷锋的存在体现了一个人改变一个时代的可能。因此，我们对学生进行雷锋精神教育，在任何时候都不会落伍。

2. 本次班会课最大的特色就是将活动与学生的感想紧密结合起来，每进行一个环节，都要求学生结合生活实际谈一谈自己的体会和感受，使班会避免了伪崇高、虚伪的德育灌输模式，形成互动，提高了学生对雷锋精神的认识，自然生成了后面的感恩举动，值得广大教师借鉴和参考。

【适用时间】高二第二学期

【班会背景】

又一个学雷锋的日子来临了，社会上又掀起了"学雷锋"热潮。对于"90后"的学生，我们还需不需要提倡雷锋精神？我们又该怎么教育学生认识雷锋精神？这些问题都值得探讨，因此我组织了这次班会课。

【班会目的】

1. 了解雷锋生平，认识雷锋精神。

2. 反思日常生活，学习雷锋精神。

【重点难点】

重点：通过演讲，促使学生对雷锋精神再认识。

难点：在现实生活中，如何发扬雷锋精神？

【课前准备】

1. 收集雷锋的相关资料。

2. 编排小品《一颗钉子》。

3. 下载《学习雷锋好榜样》歌曲。

【设计思路】

面对社会上学雷锋的热潮，面对学校"学雷锋活动月"的宣传，我在思考，"90后"的学生对雷锋究竟了解多少？学生对雷锋精神真正认识多少？如何让他们从嘴上说说落实到行动中去？我决定带着学生深入了解雷锋，挖掘雷锋精神的实质，并且把平常班级中损人不利己的某些现象编排成小品，让学生从小品中发现自身的缺点，从而达到触动心灵的目的。为完成这一设计思路，我将班会课分以下步骤进行：①寻找雷锋；②歌颂雷锋；③铭记雷锋；④学习雷锋。

【班会实录】

主持人1：三月，阳光明媚。

主持人2：三月，万物复苏。

主持人3：三月，春风送暖。

主持人4：三月，大地换新颜。

主持人1：三月，是一个重要的活动月。

全班学生：学雷锋活动月。

主持人2：是的。雷锋是怎样的一个人，我们为什么要学他呢？我们该怎样学呢？

合：亲爱的老师、同学们，下午好！高二160班"雷锋精神伴我成长"主题班会现在开始！

一、寻找雷锋

主持人3：首先，我们开始第一个环节《寻找雷锋》，让我们来了解这个自强不息、全心全意为人民服务的好战士吧！

有请黄钰茜演讲《雷锋的生平》！

（黄钰茜演讲）

雷锋的生平

黄钰茜

雷锋，中国人民解放军全心全意为人民服务的楷模，共产主义战士，出生于1940年，湖南望城人。1949年参加儿童团，担任团长。1954年加入中国少年先锋队。1956年在乡人民政府当通讯员。不久，被调到望城县当公务员，被评为工作模范。1957年2月8日加入中国共产主义青年团。曾参加沩水工程、团山湖农场和鞍钢的建设，多次被评为劳动模范和先进工作者。1960年参加中国人民解放军，被编入工程兵某运输连四班当汽车兵，同时加入中国共产党。当抚顺市望花区和平人民公社成立时，他把自己在工厂和部队积存的100元钱捐献给公社。当他得知辽阳地区遭受百年不遇的大水灾时，又将100元寄给了辽阳市委。他还十分关心少年儿童的成长，担任驻地附近小学的少先队辅导员。他曾被评为"节约标兵"，荣获"模范共青团员"称号，出席过沈阳部队的共青团代表会议。1961年他被升为班长，当选抚顺市人民代表。1962年8月15日因公殉职，死时年仅22岁。

雷锋勤勤恳恳、踏踏实实，从平凡的小事做起，全心全意为人民服务。周恩来曾题词"向雷锋同志学习:爱憎分明的阶级立场,言行一致的革命精神,公而忘私的共产主义风格,奋不顾身的无产阶级斗志"。朱德曾题词"学习雷锋,做毛主席的好战士"。1963年3月5日毛泽东亲笔题词"向雷锋同志学习"。

互助互爱,是雷锋精神的实质。他把这人类最美好的情感和精神发扬光大。雷锋虽然离开了我们,但雷锋精神永存!

谢谢!

(全班鼓掌)

主持人2:说起雷锋,就不能不提起雷锋日记!雷锋在数百篇日记里记录了他成长的足迹,总结出许多人生的格言,留给我们一笔宝贵的精神财富。下面,请欣赏"雷锋格言选读"。

主持人1:人的生命是有限的,可是为人民服务是无限的,我要把有限的生命,投入到无限的为人民服务中去……

主持人2:一滴水只有放进大海才永远不干,一个人只有当他把自己和集体事业融合在一起的时候,才能有力量。

主持人3:一块好好的木板,钉子为什么能打进去?因为钉子有两个长处:一个是挤劲,一个是钻劲。我们在学习上也要提倡这种"钉子"精神。

主持人4:我活着,只有一个目的,就是做一个对人民有用的人。

主持人1:青春啊,永远是美好的,可是真正的青春只属于永远力争上游的人,永远忘我劳动的人,永远谦虚的人。

主持人3:对待同志要像春天般的温暖,对待工作要像夏天一样火热,对待个人主义要像秋风扫落叶一样,对待敌人要像严冬一样残酷无情。

合:风里雨里,泥里水里,哪里有艰苦哪里就有他的身影。

主持人2:这就是雷锋,虽然他离开了我们,但他的精神没有走。回忆了雷锋的生平和格言,大家有什么感受呢?

谭武辉:我以前不知道雷锋精神的实质是"互助互爱",经过黄钰茜同学的讲述,我才明白这一点,这是我的最大收获。

龚玉立:雷锋的话让人感动,像他说的"我要把有限的生命投入到无限的为人民服务中去"是多么高尚和伟大啊！真正能做到这一点的人很少很少，但雷锋做到了，为我们树立了好榜样。我想我们学习雷锋，就应该学习他这种忘却小我而成就大我的精神！（全班鼓掌）

二、歌颂雷锋

主持人2：这两位同学说得非常好！雷锋是我们学习的榜样，雷锋的精神永远鼓舞人心！下面，我们进入第二个环节——"歌颂雷锋"。有请龚洁同学演讲《歌颂雷锋》！

（龚洁演讲）

歌 颂 雷 锋
龚 洁

如果你是一缕阳光，你是否照亮了一片黑暗？如果你是一滴水，你是否滋润了一寸土地？

如果你是一粒粮食，你是否哺育了有用的生命？如果你是一颗最小的"螺丝钉"，你是否永远坚守岗位？

雷锋，就是这一缕阳光、这一滴水、这一粒粮食、这颗最小的"螺丝钉"。虽然他的一生短暂，但他的精神长存。

有人说："现在都21世纪了，人人都想着怎样为自己，谁还会发扬雷锋精神去帮助别人呢？"那么，我们还要不要学雷锋呢？

当你在大街上跌倒，当你的钱包被小偷偷走，当你陷入困境……你想要人帮帮你，却无人理会。这时，你会是什么心情呢？如果有人向你伸出了温暖的手，你是喝令他走，并说这种精神过时了，还是心存感激地接受帮助呢？

有些人对雷锋不屑一顾，但他的名字已悄悄地走出国门。雷锋作为我们人民军队的普通一兵，已名满天下，被世人所敬仰。

很小的时候，雷锋的故事就深深地印入我们的脑海里。我们悄悄地做好事，不留名。"随风潜入夜，润物细无声"，雷锋精神滋润了我们这一代人的成长。

在新时代，生活在同一个地球上的人们需要更高的精神境界。人人都希望社会风气越来越好，不要让雷锋只活在挤公共汽车的老人的怀念里，不要让雷锋只停留在戴红领巾的孩子身上。随着市场经济的发展,我们的社会更迫切地需要雷锋精神!

我坚信,雷锋精神会发扬光大,放射出更加灿烂的光芒!

(全班鼓掌)

主持人4:有人说雷锋精神是"傻子精神",我们该怎么看待这种"傻子精神呢"?下面有请刘雅意演讲《我来说"傻子精神"》。

(刘雅意演讲)

我来说"傻子精神"

刘雅意

"傻子精神",实质上就是多做贡献、少取报酬的精神。

有人觉得,在实际生活中,这种精神只有像雷锋那样的少数先进典型才能具备,多数人无法做到。这种缺乏自觉和自信的态度是不正确的。我们只要客观地观察一下就会看到,每个人从呱呱坠地到长大成人,既离不开对家庭和社会的索取,也不能不对家庭和社会做出回报和奉献。在这种奉献与索取之间,具体到每个人,其所得所失计算起来可能会千差万别,但从总体上进行衡量,则必定是奉献多于索取,积累大于消耗,乐于吃亏的"傻子"多于只想占便宜的"聪明人"。不然,我们今天的生活何以会比我们的前人好出千百倍?

如今,世界上的财富越来越多,人们的生活越来越好,这个趋势证明了鲁迅先生指出的铁的事实:"世界却正由愚人造成,聪明人决不能支持世界。"只要有雷锋那种甘当"傻子"的觉悟,并付诸实践,就完全能够成为一个高尚的、无私奉献的人。

有人认为,雷锋的"傻子精神"是计划经济时代的产物,现在实行市场经济就行不通了。

这种认识是片面的。诚然,市场经济讲的是等价交换,只尽义务不取报酬不符合市场规则。但是,市场经济同样需要"傻子精神",其核心就是诚实守信。有真心诚意为顾客着想的"傻子精神",才会大大增加企业的可信度,不但能受到顾客的欢迎,也能使自己获得可观的经济效益。

同时还应看到，除了市场上讨价还价、锱铢必较之外，在处理与他人、与社会的关系时，无私奉献的"傻子精神"是必不可少的。实践证明，乐于奉献的人虽然在物质所得上难免吃亏，却能由此拥有高尚的思想境界，充分享受人间的亲情和生活的美好，并创造出有价值的人生。相比之下，那些利用各种歪门邪道巧取豪夺的人，他们自以为"聪明"，实际上摆脱不掉欲壑难填的折磨，最后或者道德沦丧、身败名裂，或者触犯法律、身陷囹圄。这分明是鬼迷心窍，愚蠢透顶，哪里谈得上什么聪明！

（全班鼓掌）

主持人4：谢谢两位同学的精彩演讲，我相信在座的各位与我一样，对雷锋精神有了更深入的认识。哪位同学来说说自己的体会？

邹振兴：现在很多人认为雷锋精神是"傻子精神"，我觉得，这很不对。刚才刘雅意也说了，雷锋的奉献精神其实是一种精神享受。我们很多人一边感叹社会道德败坏，一边又对雷锋精神嗤之以鼻，我不知道他们是一种什么心态。或许，这就是老师常说的对别人要求严格，对自己要求宽松吧。

李璐：其实现实生活中还是有雷锋精神的。比如说我乘坐公共汽车的时候，就经常发现有人主动让座。当然也有一些人看见老人家上车后装作没看见，每当看见这些现象我就觉得很气愤。我想如果这个老人是你的爷爷奶奶，你还会这样吗？其实只要换位思考，就能主动让座，这又不是什么难事。

王秋沙："傻子精神"中的诚实守信，对我很有启发。做生意确实需要讲诚信，我们都知道高桥一带有很多卖假货的，你上了一次当，第二次就不会再去那里买东西了。这样的生意不会长久。纵观国内外的大型企业，无不是讲究诚信的好企业。可以说，诚实守信一点都不傻！

（全班喝彩）

三、铭记雷锋

主持人4：同学们说得真好！看来我们对雷锋精神的实质理解得越来越深刻了！下面让我们进入第三环节——"铭记雷锋"。有请黄恋、龚凯燕和杨静带来小品《一颗钉子》。

一颗钉子（小品）

杨静（背着书包，走进教室）：啊，还没人来，今天我最早到啦！（坐在椅子上）哎呀，我的屁股，怎么回事？（看凳子，恍然）原来是一颗钉子！（四处张望，发现没人）嘿！没人，赶紧换个凳子！（拿龚凯燕的凳子换）

龚凯燕（哼着小曲上）：早上好，杨静！（发现杨静脸色不好，问）你怎么了？心神恍惚的。

杨静（结巴）：没，没什么。

龚凯燕（坐在椅子上，大喊）：哎呀，真痛！钉，钉子！（趁没人注意，换了一把椅子）

黄恋（蹦蹦跳跳地上）：大家早上好！

杨静、龚凯燕（害怕黄恋被"陷害"，赶紧说）：班长，昨晚的那道数学题你做出来了吗？能教教我吗？

黄恋：当然可以。

（杨静、龚凯燕脸露笑容，以为黄恋会朝自己这边走来，不料……）

黄恋（微笑着说）：待会儿教你们！（一屁股坐在椅子上，跳）哎哟！什么东西？（拿起凳子看）是一颗钉子！

（这时，龚凯燕和杨静都走了过来，不好意思地道歉）

黄恋：哦，没关系，原来是凳子"长"钉子了，让我去拿把锤子来修一修，然后再教大家做数学题。

杨静（不好意思）：班长你真好！

龚凯燕（不好意思）：班长，你就是我们的活雷锋！

（小品结束，全班掌声）

主持人1：剧中的"班长"值得我们学习。他的精神，就是雷锋精神。

主持人3：其实，我们同学中有许多活雷锋。他们勤奋学习、刻苦耐劳、助人为乐！请听听同学们是怎样说的！

李辉：杨能同学经常将教室里的垃圾拾起来丢进垃圾桶。他身为学习委员，总能自觉地维护班级课堂纪律。

曹俊：我有一次和谭武辉一起坐公交车，有一位老人上车了，谭武辉主动给老人让座。

邹振兴：我特别要感谢黄琼同学，我饭量大，经常吃不饱，他经常将自己的饭卡借给我用。有时候我的作业本用完了，他就把多余的作业本借给我。

张超：我觉得王秋沙同学很不错啊！据我了解，她参加了他们社区的志愿者活动，利用双休日的时间去福利院帮助老人打扫卫生、洗碗、做饭、提水。我觉得我们应该向她学习！（同学们纷纷向王秋沙投去赞叹的目光）

主持人4：既然大家对志愿者活动很感兴趣，我们班不如成立"青年志愿者协会"，由王秋沙任会长，与社区福利院协商，大家定期去福利院开展义务劳动。好不好？

全班同学：好！

主持人2：同学们的表现让我深切地感受到，雷锋其实哪儿也没去，就在我们的身边。时代的改变或许会令雷锋精神的表现形式有了改变，但这并不代表我们的社会没有雷锋。实际上，雷锋精神依然存在于我们的生活中，并被千千万万的人学习与继承。他们无私的奉献让更多的人感受到爱与美，感受到如沐春风的温暖。

四、学习雷锋

主持人3：下面进入第四个环节——"学习雷锋"。这次的学习雷锋活动有些特殊，我们以往说学习雷锋都是到外面去做好人好事，但今天我们倡导的学习雷锋是在家里做好人好事。

主持人2：是的，同学们，"三八妇女节"就要到啦，我们的妈妈含辛茹苦，对我们无私奉献。那么，我们该如何学习雷锋精神，回报我们的妈妈呢？请同学们畅谈心中的想法！

杨静：星期天帮妈妈过节，做家务，给妈妈做饭。

陈龙：帮妈妈做家务，主动打扫卫生。

严俊：在家里拖地、洗碗，做手工饼干给妈妈吃。

黄恋：用寒假打工赚的钱买一副耳钉给妈妈。

主持人2：利用周末为妈妈做家务，亲手做礼物送给妈妈。

李璐：在漂亮的信纸上写上祝福的话，星期二请爸爸转交给妈妈。

杨能：帮妈妈做家务，作业写工整，好好学习，用成绩回报妈妈。

谭武辉：回去少上网，多用功学习，帮妈妈做事。跟妈妈学做一道菜，学会后做给妈妈吃。

师治国：泡茶给妈妈喝，亲妈妈一下。

主持人1：同学们的想法很有创意，希望你们落实到行动中去，和妈妈一起过一个有意义的节日！（同学们都很兴奋）

主持人4：今天的学雷锋主题班会课很快就要结束了，但希望我们感受美、创造美的行动没有结束，希望我们每位同学用自己的实际行动继承、发扬雷锋精神！

合：最后，请欣赏曹俊、邓紫文、邓惠敏、黄钰茜、龚洁带给我们的歌曲《学习雷锋好榜样》。"雷锋精神伴我成长"主题班会到此结束！

（播放《学习雷锋好榜样》歌曲，大家齐唱）

【班会总结】

这次班会，有些出乎我的意料。从学生的发言来看，他们对雷锋精神的认识很深刻，比如两位同学的演讲、王秋沙去福利院义务劳动；他们的想法很有创意，比如"青年志愿者协会"的成立，"三八妇女节"的感恩活动。从事后的调查来看，很多学生在"三八妇女节"这天给自己的母亲送上了礼物，践行了自己的诺言。我想这就是学生主观能动性的体现吧。

面对物欲横流的社会，带领学生重温雷锋精神、挖掘其中的内涵很有必要。我很欣喜，班会课促进了学生对雷锋精神的认同。

（湖南省长沙市第二十六中学　潘雪陵　邮编：410014）

> **操作提示**
>
> 1. 作为有明显政治意义和色彩的主题班会，班主任不做适当的引导，学生是跟不上来的，因此，在举办班会之前，要备课——备学生，让学生去了解雷锋的故事、理解雷锋的精神。要备班情——班上发生了哪些相关的事情，哪些可以用来做材料，班主任对此要了然于胸。只有先准备，现场气氛才能够搞活。
>
> 2. 具体实践的时候，我主张引导学生把握雷锋精神的实质——奉献社会、奉献他人、对社会感恩的心态——这应该是跨越时代、跨越政治偏见的永恒的东西，然后把他们引向对亲人的感恩，这样可能操作起来更容易一些。

七、随机生成性主题班会

秘 密 花 园

【推荐理由】

"大家一起陷入了沉思，谁都不讲一句话。我更是感动得不知道说什么才好。我万万想不到他的解读竟会如此之成熟，如此之深透。最让我吃惊的是：他们居然可以自我教育，自我提升，自我超拔。"一次生成性主题班会，能够取得这样好的效果，它的借鉴意义自然不需要我多说了。

【适用时间】 高二第二学期

【班会背景】

上次班会课，同学们在讨论"如何走向高三"这个话题的时候，遇到了两个他们解决不了的"拦路虎"：一是青春期对异性的向往，二是沉迷于网络的问题。因为这两个话题都很大，靠一节非专题性探讨的班会课是解决不了的，所以在班会总结的时候，我告诉他们以后找个时间我们分别来处理这节课遗留下来的问题。没想到，性急的同学们根本等不得，非逼着班会的主持人马跃把他正在准备的"假如我是父母"的方案废掉，换成"秘密花园"这个话题，于是就有了这节令我意想不到的班会课。

【班会目的】

1. 树立正确的爱情观，给未来的高三学习输入前进的动力。
2. 正确处理与异性交往的问题，解除心理困扰。

【重点难点】

1. 如何让学生明白现在不是谈恋爱的最佳阶段，现在我们需要学会理智地对待感情，让老师的想法和学生的想法取得一致？
2. 生成性班会如何处理意外现象的发生，如何利用生成的机会教育学生，把握火候是一个难点。

【班会准备】

全部交给学生筹办，班主任老师只是临场发挥。

【设计思路】

这次主题班会没有剧本，事先也没有彩排，我只安排一个主题、一个主持人和一个大致的计划。故事、对话、矛盾冲突，一切都在活动过程中生成。班主任只对整个活动的发展起宏观上的调控作用，适时地引导。

值得注意的是：一定要随时关注班级的舆论方向。

【班会实录】

进了教室，看见黑板早被宣传委员精心布置过，上面还书写着四个大字"秘密花园"，估计是仿效上海电视台《心灵花园》这个节目吧？坐定之后，我拿出班会记录本，正准备公事公办地履行我记录的职责。一抬头，竟然发现一个非常奇怪的现象：讲台上站着的的确是马跃，但在距他左手一米远的地方，班长路敏辉正倚墙靠门面向同学们站着。嘿，今天的主持人不是他，那他站在那里做什么呢？

顺着他的目光望过去，我才明白原来他在帮助马跃维持会场秩序。看到有说悄悄话的同学，他便用严厉的目光制止他们，不一会儿，教室里就绝对安静下来。这时，马跃打开他手中的一本书，找到一篇文章动情地读了起来。故事的名字叫"爱之赢",大意是说——

　　一个叫玛莎的 10 岁小女孩,在 12 月 25 日将至的时候,拿着仅有的 5 美元到街上给与自己相依为命的母亲买礼物。她先找到一个医生,希望能用这 5 美元让他为自己的母亲做一次腰椎按摩,但医生告诉她做一次腰椎按摩至少要 50 美元,女孩失望地走出了诊所。在大街的一角她发现了一个轮盘赌的小摊,玛莎就把最后的希望放在了轮盘上,结果她在很短的时间里竟拥有了 5000 美元。在轮盘赌的主人第 5 次问她是否还要继续猜下去的时候,她认真地说:"我不玩了,我要去请医生为我妈妈按摩——我爱我妈妈!"玛莎走后,在场的人们这才注意到,玛莎投注的四个数字,对应的英文字母正是"L、O、V、E"!轮盘赌的主人说:"这孩子是用'爱'在赌博啊,我能不输吗?"故事最后得出这样一个结论:许多时候,"爱"总是永恒不败的!

　　读完以后,同学们一片"嘘——"声,班长也皱着眉头跑到讲台这边悄悄对我说:"老师,你看马跃是不是有点跑题了?"

　　我用手势告诉他先别出声,看看接下来怎么安排。班长就势坐在我身边的椅子上和我一起欣赏下面的小品。可是越看越觉得不太对劲,这小品演的居然是两个人在学校因为对方泄露了自己的隐私而吵架,其中的一个回家后还对母亲乱发脾气,大吵大叫的故事。这……这和"秘密花园"的距离实在太远,我也丈二和尚摸不着头脑了。

　　我和路敏辉都以疑惑的目光注视着马跃,只见他不慌不忙地走上讲台对同学们发问道:"刚才这个小品,大家看完后有什么感觉?"

　　一个男生站起来坦率地说:"我觉得那个回家对母亲乱发脾气的同学太过分了!我们已经是成年人了,自己的事情应该自己解决,不应该把自己内心的不快无端转嫁给无辜的母亲,她为抚养我们已经够辛苦的了……"我一看,居然是班上最不爱说话的一个男生。

　　"那如果是你遇到了这个同学的问题,回家后你会如何处理呢?"追问得真好。

　　"我无论在外边受了怎样的委屈,回家后都会对母亲露出笑脸……"我好像真听进去了,正想称赞这位男子汉,路敏辉不知道什么时候已经从椅子上站起来，冲到讲台前代替了马跃的位置。大约他真的觉得第一次主持班会课的马跃跑题了，作为一班之长兼马跃好友的他有责任出面来挽救一下。被动的马跃在往下走的同时还没忘记补上一句串联词："下面让我们的班长来谈谈对这个小品的感受！"

路敏辉又以那种富有责任感的目光扫视全班同学，亮开我们班第一男主播的嗓音："我想谈的不是如何孝顺父母的问题，而是正值青春期的我们该如何处理好我们自己的感情的问题。我觉得……"他开始侃侃而谈了，说的内容估计是他早就准备好的书本上的观点。这种落雪无痕的过渡倒是真的天衣无缝，既纠正了马跃的失误，也给足了好朋友面子。可我发现下面的同学不再安静，一些人的口中还有节奏地喊着：

"小——雪——！小——雪——！"

"小——雪——！小——雪——！"

……

我虽茫然，但看到那边正在搓手、苦于无法救驾的马跃，也知道这事情很复杂，是我该出手的时候了。于是我笑吟吟地走上讲台，用手势压住大家的叫声，转过头问路敏辉："敏辉的听力一定比老师好吧？我听到大家在喊一个响亮的名字，你能解释一下吗？如果没有为难你的话。"

他赧然低头，半晌不语，又突然昂起头来，释然地笑笑："那好，作为班长，看来我是一定要带好这个头了。小雪是我初中时候的女朋友……"他话一出口，教室里出奇的安静，包括我在内的所有人都在等待着一个浪漫的爱情故事。

"有一次，我想带她去看电影。可是到了电影院，我发现我口袋里的钱根本不够买我们两个人的票。我忘记了自己是找了一个什么样的借口把小雪领回去的，只记得那天晚上我失眠了。这件事促使我思考一个问题，那就是爱情要靠什么来保证。我第一次明白人不能生活在真空中，爱情一定要有所依附。当然，如果我找个理由从妈妈那里骗点钱来，电影票的问题是不难解决的，可我不想那么卑鄙。我清醒地知道了经济基础决定上层建筑的哲学原理，但不是从书本中，而是在生活里。"好一个深刻的敏辉！全体同学对他报以热烈的掌声。

"还有一次，小雪非常认真地问了我一个严肃的问题，就是我为什么爱她。"

敏辉是不是沉湎于他那稚嫩的爱情里出不来了？我多少有点担心了。

"那你告诉她因为爱所以爱，不就可以了吗？"是下面一个同学在调侃。敏辉似乎没听见一样继续讲他的爱情故事：

"我当时没有回答她，但事后我真的进行了深刻的反思。我为什么爱小雪呢？是小雪需要我多一些，还是我需要小雪多一些呢？那时候我根本不爱学习，我发现在我空虚的生活中，小雪是我唯一的快乐。但我怎么能保证小雪也是快乐的呢？以我那时的生命状态，我能为小雪的快乐付出什么呢？我连给她买张电影票这样简单的事情都不能凭自己的力量做到，我还有什么资格成为小雪的男朋友呢？"讲台底下一片沉默，同学们的神情逐渐变得凝重起来。

"这两件事情虽算不上什么罗曼史，但在我生命中的意义是深远的，它们让我知道，作为一个男人，在这个大千世界里付出怎样的努力才能为自己的生存和发展起到推动作用，让我更加深刻地认识到爱情不是我们生命中的全部，人生还有更高层面的东西值得我们去追求，在自己还不自立的时候，我们没有资格去奢谈爱情。这个时候如果放纵自己去追求所谓的爱情，那就是对另一个生命的不尊重，也是对自己生命的极大浪费。"我看到敏辉的手被攥成了拳头，同学们的掌声此起彼伏。

看到火候已到，我站起身走上讲台，想对他们进行另一个层面的精神引导。我顺手拿起一只黑板擦当作话筒，装作记者的模样趁机对敏辉进行了采访：

"如果不违背你的原则的话，你能如实回答我以下的问题吗？"我煞有介事地问。

"可以。"敏辉肯定地点点头。

"据你所言，我可不可以这样理解，小雪的故事已经成了过往，是吗？"

"是。"他的口气非常坚决。

"那么，在高中的三年里，你是否也有过像当年爱小雪一样爱着的女孩？哪怕只是暗恋？你能如实回答吗？"我不仅步步紧逼，而且还将了他一军。

"只能说是有好感而已，并且只停留在自己的心里。"敏辉还真没躲闪。

"我们姑且把这个女孩称为小白好了。如果在大学你突然遇到了一个女孩——我们暂且叫她小黑——她的才华、美貌与思想正是你理想中的知心爱人，她还能提供给你生命里的所有保障，为了你她可以牺牲一切，你会因为曾经对小雪和小白的感情而放弃唾手可得的幸福吗？"我故意把小黑说得那么完美，是为了给敏辉挖一个陷阱，好让他顺利地进入我下面的命题。

"不会。"敏辉老老实实地回答。

"也就是说，在你短短的青春岁月中，你至少要经历三次以上的感情调整。换句话说，也就是人的一生不一定只爱一个人，是吗？"

还没等我说完，敏辉就把话抢了过去："谈到这里，我突然想起了老师上学期给我们讲过的那个'绿云牡丹'的故事。"他转过去面向全体同学："大家还记得吗？老师说每个人的生命中都有一朵'绿云牡丹'，不过在见到她之前，命运之神会端来很多种色香味俱全的小菜，你不用全都吃掉，每种小菜你只要尝过一口，你的肚子就会很饱，等真正的'绿云牡丹'上来，你反而没有吃的胃口了，只能对着这样的美味而懊恼。"

大家一起陷入了沉思，谁都不讲一句话。我更是感动得不知道说什么才好。我万万想不到他的解读竟会如此之成熟，如此之深透。最让我吃惊的是：他们居然可以自我教育，自我提升，自我超拔。这还是那群连普通高中都考不上，只能让父母每年多花4500元到我们民办学校来读书的孩子吗？我呆呆地望着座位上一张张还很稚嫩的脸，回忆着半年来这个全校最乱的班级在我的引领下所发生的变化，无限的欣慰从内心隐隐升起。

等我回过神来，马跃正在讲述他的秘密："大家只知道我现在学习很好，是不是？我告诉大家一个秘密：其实在小学和初中的时候，我根本就不学习。因此到了初中毕业的时候，除了职校，我就没有学校可去了。爸爸当时想送我到职校去，可妈妈不同意，她千辛万苦地帮我找到了咱们这所学校。我至今仍记得三年前的那一天，妈妈替我交了学费回到家里，很严肃地把我叫到她身边，用她那双冰冷的手捧起我茫然无知的脸，逼我直视她的眼睛，还不许我躲闪，然后流着泪问我想不想和别的孩子一样考上大学……"

马跃哽咽着说不下去了，泪水顺着他的面颊流过，落在白色的讲桌上。前排的女同学把一包餐巾纸抛向他，马跃没有去接，而是继续说道："我一动也不动地站在那里，既不敢哭，也不敢向她保证什么。我知道我的行为已经深深伤害了母亲的心,从她的眼神中我读到了一个母亲对不肖之子的失望,也读出了她在绝望之后依然残存的一点希望之火。我突然觉得那一刻我长大了,我觉得我必须用实际行动去维护我和母亲的尊严,我不可以再让母亲为儿子的前途命运而担忧了。"我注意到马跃的眼眶又湿润了,一些女同学正在用餐巾纸擦着眼泪。

"你们的高中是从初三起步的,可我是从初一甚至是从小学开始的。我越学越觉得自己欠缺很多,越学越知道自己从前是多么浑蛋。为了给我赚到交学费的钱,父亲离开我们独自到北京打拼去了,母亲在家里没日没夜地三班倒打工赚钱。每个周末回家,我都不能和你们一样马上见到父母,但我知道天黑时母亲就会回家,所以我无论多么疲劳,都会先把房间收拾清爽,然后做好晚饭,边写作业边等妈妈下班回家,无论多久我都会等。我必须让妈妈有个好心情,我要让妈妈尝到有儿子的快乐滋味。虽然爸爸不在我们身边,但我一样可以像个男子汉那样保护妈妈。"

"你从来没想过女孩的事情吗?"不知是谁冒出了这么一句。

"不是没有,但我认为,要是连这个给你生命的女人的幸福你都不能保证,谈别的不是太苍白无力了吗?妈妈是我生命中的第一个女人,我一定要先对得起她,才可能对得起下一个⋯⋯"

马跃的泪水又一次落在讲台上,台下雷动的掌声伴着一片唏嘘,我的眼睛也不知不觉湿润了。一直以来,在我们这些中年人眼里,这一代的独生子女是垮掉的一代。我固执地以为中华民族的传统美德在他们身上几乎荡然无存,但我错了,而且错得很彻底。我真想冲过去紧紧地抱住马跃,替他妈妈深情地叫一声:"我的好儿子!"不知趣的下课铃声在此时无情地响起。

由于是周末,我不想耽误大家回家的时间。但我知道每个同学的内心都像地下的岩浆一样在猛烈地翻涌着,于是我简短地为班会收尾,趁机给同学们布置了一篇周记,让他们谈谈对本次班会课的感受。

周日晚上收来住宿生的作文,我惊喜地看到了以下几段文字:

看着他们在讲台前的真情倾诉,听着发自心底的呼唤,我的眼泪在眼眶中打转。我们平日里自私的行径使得那份最真挚的爱一而再,再而三地被伤害。如今想来,如若我们对别人的一份关怀之心被一次次地漠视不见,一定会感到莫大的失落和心痛吧？天啊，我怎么可以让养育了我十八年的父母受到伤害？……我要放缓我的步伐，让妈妈在有生之年成为一个幸福的母亲。

——朱佳

在班会课之前，我并不知道何为"爱之语"，因为我们大家都有一种通病——情感沙漠化。我们谈恋爱只是因为我们虚荣，我们回家见父母仅是因为要拿钱给自己花……今天吃晚饭的时候，我偷偷观察了妈妈。我发现她的眼角已经出现了鱼尾纹，她的头发中还夹杂着很多根白头发，要知道她前不久刚刚染过的啊……是"爱之语"让我从妈妈的外貌中读出了她的辛劳，也是"爱之语"让我知道了必须从父母的肩头分担我们力所能及的事，班会课让我懂得了爱是需要回报的。

——尹燕

这次班会十分简短，但是让我感到了深深的刺痛。它让我明白了关于早恋问题该怎么处理。我们还没有经济能力，况且现在的这种异性之间的情感是不成熟的，只有当我们长大之后才能真正地了解爱的全部内涵。我们可以在心里默默地喜欢一个人，但绝对不可以陷进去，要懂得适度，毕竟现在我们最重要的是学习。

一个大男生当着全班的面讲述自己的成长过程和心事，而且泪流满面，当时我的心被深深地刺痛了。他平时看上去是一个很坚强的人，今天却柔情似水地讲述了很多自己和父母之间的生活小事，还有他在父母影响下的一些改变，这让我感到羞愧。一个男生尚且能如此知道学习的重要性，而且时刻想着父母，能为父母分担一些事情，而我却总是看到父母的不好，想不到应该多关心他们。另外，我也缺少马跃那样的毅力、耐心和自制力。这次班会课带给我的触动非常大，我应该多多发现自己身上的缺点，改变自己，而不是总想着改变别人。

——陈丹丹

星期五的班会课是成功的，我想每个人的内心都会泛起涟漪。我们应该学会爱自己的父母，该是我们为他们奋斗的时候了。抛弃一切心理上的障碍，努力拼搏吧！

——燕丽丽

听着一个个动人的故事，我的眼泪如流水般往下掉落，我的心灵也一次次受到震撼。我明白了爱的真正含义：爱是一种责任，爱是永恒不变的情感，爱需要去呵护。世界上最伟大的爱就是父母对子女无私的奉献，"恩莫大于养育"，父母的爱如高山流水，是世界上任何一种爱都无法比拟的。很久以来我一直想做个孝顺的人，但我的脑中只有如何对父母好的计划。今天的班会课让我明白了爱不是一句空话，也不是心中的空想，爱是深藏内心的永恒的感动，需要我们用实际行动去证明……只有真正懂爱的人才会珍惜生命，抓住生命中的分分秒秒去关心自己生命中最重要的人，才能学会爱别人。真正懂爱的人不会任时间匆匆流逝而无动于衷，他会把握住有限的时间，让自己的生命更加精彩、辉煌。

——杨梅

虽然学生的文字还很幼稚，但他们对这次班会课的真情告白令我激动不已。也许这些学生短时间内在学习上还无法与那些重点中学的学生相比，但在精神成长上，他们并不比任何一所学校的学生差。回家的路上，我默默地对自己说：好好爱我们的孩子吧，别辜负了那一颗颗渴望爱的心灵！

（上海大学附属外国语中学　窦广娟　邮编：201615）

【班会总结】

呈现在我们面前的是一个原生态的班会。班会未加排演，班会的记录也未多加修饰，但是思路非常清晰：一是班会主题的确定。学生发现了困扰他们的问题，并要求把它列为班会的主题。二是班会过程。主持人跑题；班长拉回主题，讲述他自己的爱情故事；主持人再回头讲述他对父母的理解，及自己在学习态度、人生态度、爱情观上的变化。三是师生对这次活动的感受。学生肯定了这次班会，班主任对这次班会的结果也非常满意。无疑，这次主题班会是成功的。

这个成功的主题班会，给我们做好生成性主题班会带来了很多思考。

（1）这个案例展示了生成性班会的特点。

没有剧本，事先也没有彩排，它只有一个主题、一个主持人和一个大致的计划，故事、对话、矛盾冲突，一切都在活动过程中生成。在班会之前，谁也不知道活动将如何发展。

（2）真正让学生发挥主体性作用。

班主任老师似乎把主导权都交给了学生，话题由学生选择，场景布置也交给学生,学生是班会活动的编剧、导演兼主持人。班主任的作用淡化了,他作为一名普通的参与者,只在一旁静静地观察和记录。

实际上,这体现了班主任的调控艺术。班主任并没有放弃主导权,而是密切关注着班会的进展。只要班会活动在顺利进行,班主任就让学生主导活动。确保活动能顺利开展,又让学生得到锻炼与教育,难道还有比这更好的状态吗?即使活动出现小的偏差(本案例中的跑题),只要学生自己能纠正,教师大可放手让学生自行处理。一旦班会偏离轨道,出现学生难以处理的困难,班主任又及时现身,拿回活动的主导权。

(3)班会成为师生心灵交流、相互理解的平台。

这次班会无疑是成功的。它的最大成功在于它成了师生心灵交流的平台。教育应该是师生人格和心灵的互动过程,它的丰富性、不确定性和生长性是无法用"模式""程序"等僵化的框框去限定的。我们唯一要把握的是"真实",这个"真实"应当解读成:学生动机的真诚、观点的真实、情感的真挚和在这一过程中学生的精神能得到真正的成长。这种真实可从三方面来阐述:"第一,教育主题来自学生的真实问题;第二,整个教育过程是学生在教师的引导下探索真理的过程;第三,学生只有讲真话、抒真情,才能真动心和真提高。"

这个案例至少有两点需要改进:

一是跑题可以避免。比如说班会开始后短时间的跑题,马跃讲的那个爱心故事、所安排的与父母吵架的小品,相对于"秘密花园"这个主题来说,就是跑题。跑题大约持续了十几分钟,应当说是这次班会的一个败笔。跑题既浪费了时间,又在一定程度上影响了同学们的兴致,削弱了班会的效果。之所以把跑题也记录下来,是为了呈现一个真实的生成性班会,并不意味着教师认定跑题也是生成性班会的有机组成部分。

二是要让更多的学生发表意见。案例虽然不能说是在唱"独角戏",但实际上是在演"二人转",因为只有两名学生结合自己生活中的实例进行了交流,其他学生没有机会发表意见,只能当观众。班主任要求学生写周记,其实是让学生有一个表达意见的机会,但这只是一种书面的学生与老师之间的交流,能不能让学生之间、同龄人之间的交流更广泛一些，能不能把这个班会开成连续的、系列的班会，让每个学生都能表达自己的思想，都能把自己的想法说出来？

（熊华生点评）

操作提示

1. 生成性班会适用于这类话题：同学们有话说、愿意说，且都有深刻的感受。它的优点在于可以使班会成为师生交流思想和人生感悟的一个平台，但这种班会具有较多的不确定性，对班主任的调控水平要求很高，稍不留神就容易演砸。

2. 生成性班会中其实处处可发现班主任的作用：话题选择得到班主任的默认，只是学生性急，提前开了这次"秘密花园"的主题班会；在活动进行过程中，班主任以记者身份引导活动的方向，使班会朝班主任期望的方向发展；活动结束之际，班主任又非常自然地拿回了活动的主导权，布置学生写周记。

3. 生成性班会不需要详细的剧本，也不必事先排练，但这并不意味着生成性班会完全听凭现场的感觉，走到哪里算哪里，排斥对活动方案的讨论与审核。班主任必须对整个活动有一个整体的把握，对活动的设计进行审核，是活动的总导演和制片人，这样才能够避免跑题。

第三辑
高三：精彩高效第三年

用什么字眼来形容高三？

拼搏，高考，炼狱……凡是经历过高三的人，都会由衷地感觉到这些词语的特殊含义。无论是为荣誉而战，还是为理想而战，高三都是一个充满竞争、充满血性的词语。很多教过高三的老师，都由衷地感觉到非常充实，也非常累。问及他们是否愿意再来一遍，很多对高三班级工作全身心付出的老师都说不愿意。因此，高三的主题班会，不可能抽出很多时间来开，但是又不得不开。

因为，在高三阶段，学生面临着人生两条路的选择：一条路是进一步深造；另一条路是走入社会。何去何从，我相信每一个高三学生，既充满了憧憬，又充满了茫然和惶恐。他们就在这种懵懂和憧憬中长大。

而我们的主题班会，既要成为他们娱乐休闲的放松场所，又要成为他们生命的加油站；既要成为他们的心理疏导医生，又要成为他们的生命保护神……务实、阳光、精彩、高效，将是高三主题班会的主旋律！

现在，就让我们把它们奏响——

一、娱乐休闲式主题班会

草地上的中秋

【推荐理由】

以下是这次班会实录发到"教育在线"网站上之后几位名家的回帖：

张万祥：这场中秋晚会，是青春飞扬的晚会，是温情温馨的晚会，是充满诗情画意的晚会，是铭刻在学生心灵深处的晚会。此情此景，还需要进行什么思想教育吗？一切尽在不言中。

红霞：这样的班会善于捕捉教育时机，给学生以美的熏染，足见班主任工作之用心。

陈晓华：高三了，这样的生活不多了，学生会很在意，在月光下，一群浪漫的学生尽情挥洒着自己的聪明才智，可以想象，那是美的盛会，那是青春的集会，高三将因为有这样的班会而留在学生一生的记忆中！

【适用时间】高三第一学期中秋

【班会背景】

升入高三两个月，备战高考的硝烟就已弥漫开来，学生学习紧张，生活单调，整日低头做试题，教室里显得有点儿死气沉沉。选择合适的教育时机，调动学生的生活激情，显得非常必要。传统节日教育是中学德育的重大主题，当前传统节日式微，如何创新传统节日形式，赋予传统节日新的内涵，成为当下德育工作的一大任务。这样的活动从高一到高三，我已搞过多届，效果都很好。这是一个新接手的班，中秋晚会活动有利于拉近师生感情。

【班会目的】

1. 通过中秋晚会增强班级凝聚力和团结互助拼高考的信心。

2. 通过活动对学生进行传统节日教育，在他们心中留下对高中生活的美好记忆。

【重点难点】

1. 让学生开心地度过一个美好而难忘的中秋，在放松的同时感受到班级的温暖。

2. 让每一个学生都感受到集体的关爱，不抛弃，不放弃。

【课前准备】

今天是传统农历的中秋节，因为已经进入高三了，学校没有放假，所以这也是学生高中生涯中最后一个中秋节，我决定用第二节晚自习的时间开中秋晚会。

早饭后我把班委成员叫到外面开了个短会，商量开中秋晚会的事，初步确定在教学楼前面的草坪上开，让他们去准备节目。

我"偷偷"地去超市购买了中秋晚会的食品，我要给他们一个惊喜。月饼当然是不可少的了，售货员吃惊地问为什么买43块。保密！我笑着，什么也没说。转到水果摊上，我挑了几大串香蕉，看见热气腾腾的板栗，我又忍不住推着购物车过去。哇，还有爆米花！板栗挑大个儿的买43个，爆米花体积大不好拿，只好买22袋，保证每两人一袋。看到黄澄澄的橘子，想想孩子们见到时的馋相，我忍不住又买了5袋，算了算，大约200元，于是心满意足地去结账。好在超市离学校近，一手扶着东西一手攥着电动车车把，徐徐驶回学校，径直来到教室。

这节课是数学课，陈老师正在组织学生自己讨论，我叫了几个学生把东西往教室里搬。

班长说："还不被他们抢了？！"

我说："人人有份儿，告诉大家先不要动。"

下课后，我见婧优和几名同学在用计算器算钱。

我说："不要算了，这次是我请大家的。"

婧优激动地跑到我面前："感谢老班给我们买了这么多好吃的。"（同学们热烈鼓掌）

我说："中秋节是一个团圆的日子，由于高考备考，我们不得不在这里过，无法与爸爸妈妈团聚，0501也是我们的家，我们在一起过高中最后一个中秋节。"孩子们高兴极了，个个脸上漾着笑意。

我接下来说："东西人人有份儿，千万不要馋嘴偷吃哦！"学生大笑。整个教室里洋溢着节日的热烈气氛。

【设计思路】

1. 这次班会是在室外，幕天席地，在月光下开主题班会，相对于高三紧张的生活来说是一种调适，对学生来说绝对是一大享受。

2. 为保证班会气氛热烈，一定要注意安排节目，让每个学生都参与进来。设计一个抽签游戏，让那些被动的学生也参与进来，从而实现全民狂欢。

【班会实录】

第一节晚自习结束铃声一响，学生们便按捺不住激动的心情，奔向草地。

由婧优和张晶波两个小精灵主持晚会。学生们在草地上坐下后晚会开始。

优、波：亲爱的旺旺老师（这是学生对我的爱称）、可爱的同学们，中秋晚

上好！（掌声热烈）

优：今夜风徐徐，

波：此时秋意浓。

优：花影动花儿红，

波：月桂香月儿圆。

优：在这花好月圆人团圆的时候，

波：在这你好我好大家好的日子，

优：我们0501班43位大侠，

波、优：在此欢聚一堂！

波：这一节课没有讲台，没有黑板，

优：没有课本，没大没小。

波：就笑吧，就闹吧！

优：就吃吧，就玩吧！（同学们笑成一团）

波：给我们这一家子一个美满的中秋回忆！

优：Are you ready？

波、优：Ok! Let's go!

波：首先上场的是0501公认的美女寝室5—1—20的翟心伟、李家、李林林、张东岳。

优：请她们闪亮登场，高歌一曲《水调歌头》。

水 调 歌 头

明月几时有

把酒问青天

不知天上宫阙

今昔是何年

我欲乘风归去

又恐琼楼玉宇

高处不胜寒

起舞弄清影

何似在人间

转朱阁

低绮户

照无眠

不应有恨

何事长向别时圆

人有悲欢离合

月有阴晴圆缺

此事古难全

但愿人长久

千里共婵娟

四人轮流，一人一句，然后合唱，有跑调的，有故作深沉的，有顶不上高音的，有嘻嘻哈哈的，王菲的这首美妙的歌一下子变了味儿，不过融入了0501班的幸福、笑声、欢乐，台上表演，台下沸腾。有的啃月饼，有的嚼着爆米花，有的品尝着香蕉和橘子，还有……坐在前面的几个女生拽了几把野草卷成一束，带着无尽的笑意，插在了歌唱者的头发上，真是一群调皮的小鬼！

波：我班阴盛阳衰（高中文科班），让我班12位男生合唱《阳光总在风雨后》吧。

见状，我也冲了上去，学生马上明白我的"企图"，热烈鼓起掌来，男生们也深受鼓舞。我们13位"男生"肩并肩，手臂互相搭起来成波浪状吼着，尽管唱得并不动听，却颇有气势，这时"献花"形成高潮，有几个女生不停地给我献"花"，并把"花环"戴在我的头上，把我打扮成了《红楼梦》里被捉弄的刘姥姥了！咳！豁出去了，随她们闹吧！于是我不停地表示感谢，女生们更是笑得直不起腰来。

优：接下来有请刘婷和李文燕合唱《唱脸谱》：

唱 脸 谱

外国人把那京戏叫作 Bei-jing o-pe-ra

没见过那五色的油彩　愣往脸上画

"四击头"一亮相　美极了　妙极了　简直OK顶呱呱

蓝脸的窦尔敦　盗御马　红脸的关公　战长沙

黄脸的典韦　白脸的曹操　黑脸的张飞　叫喳喳

紫色的天王　托宝塔　绿色的魔鬼斗夜叉

金色的猴王　银色的妖怪　灰色的精灵　笑哈哈

一副副鲜明的"鸳鸯瓦"　一群群生动的活菩萨

一笔笔勾描　一点点夸大　一张张脸谱美佳佳

两人字正腔圆，引来阵阵掌声，令我刮目相看。原来她俩深藏不露啊！我们班真是藏龙卧虎！

一曲唱完，众人起哄：主持人来一首！主持人来一首！……

波：那就有请婧优为大家献上一曲《月儿弯弯》吧。

（优演唱《月儿弯弯》）

月 儿 弯 弯

月儿弯弯　挂在天上

月亮岛啊　难舍难忘

我的爱啊　你在哪儿啊

何时能回到我身旁

月儿弯弯　幽幽亮亮

软软的风　教人思量

我的他啊　你在哪啊

天边星　闪着光

在那地方　有位姑娘
她在盼啊　盼那情郎
千年不忘　百年不断
那个天堂　朝思暮想

月儿弯弯　挂在天上
月亮岛啊　难舍难忘
我的爱啊　你在哪儿啊
何时能回到我身旁

在那地方　有位姑娘
她在盼啊　盼那情郎
千年不忘　百年不断
那个天堂　朝思暮想

月儿弯弯　挂在天上
月亮岛啊　难舍难忘
我的他啊　你在哪啊
天边星　闪着光

月儿弯弯　挂在天上
月亮岛啊　难舍难忘
我的爱啊　你在哪儿啊
何时能回到我身旁

主持人的音色优美圆润，引来阵阵掌声。

优：我们做个游戏好不好！

众人（齐喊）：好！

波：下面进行抽签游戏（签是早制好的，就是每人写一句祝福的话，不写祝福的对象和署名）抽到签的人如果猜到是谁写的，就可以点歌；猜错的话，就要唱歌。

我听了之后禁不住表扬他们："真不知道你们是怎么想到的，这样的游戏既有趣，又浪漫！猜对了当然很得意，猜错了，被罚了也会心甘情愿的！哈哈！你们说是不是？"

学生（齐声）：是！

接下来便开始既紧张兮兮又其乐融融的抽签了，有些已经准备好节目的同学甚至巴不得被点歌。

便签一：还记得咱俩昨天用绳量的结果吗？你的腿竟然比我的腰还粗！狂晕！减肥啦！

便签二：祝0501班的同胞们：想瘦的快快瘦下，想胖的快快胖起来；想长高的再长高点儿；想变矮的再想开点儿；想变漂亮的去找张晶波讨秘方；想变丑的自己拿镜子多看两眼也成；当然，对每个人来说，成绩无论你想不想要，都钻到你的口袋！来者不拒嘛，中秋快乐！

便签三：今晚的板栗香吧？那是我施了法的。今晚的香蕉甜吧？那是我许了愿的。今晚的月亮没出来吧？那是被你气的。今晚的你开心吧？那是我早预料到的。今生的你幸福吧？那是我诚心祈祷的！

……

每一张，都令人捧腹大笑。以前真不知道他们的语言这么鲜活，他们的思维这么独特！看来还真不能小看这些小鬼头！虽然我已经和他们朝夕相处近半年了，但如果没有这个晚会，没有这个游戏，我还不知道这些学生竟如此调皮有趣呢！

同学们拿我开涮，我坐在草地上耍赖。

"不许耍赖！"大家喊道。

我没有办法，只好胡唱《蒙古人》，谁知嗓子不听使唤，唱了几句忙叫我抽签抽到的人来救场，经大家检举，我抽到的签是李文燕写的。

燕子惊呼:"老班,我们还真有缘呢!"

歌星来了,我得救了,燕子的歌自然又引来一片喝彩。

一曲毕,我忙站起追上燕子握手:"谢谢燕子救场,谢谢燕子!"看我这样郑重其事地表示感谢,开朗活泼的她都有些不好意思了,其他同学更是乐开了花。

一节课过得真快,马上要下课了。

波、优:最后,让我们全班合唱《姐妹弟兄》,大家唱起来!

姐妹弟兄

当双眼讲述着真情永恒

告诉我生命的嘱托有多重

爱与被爱中见证你职责的神圣

因为你把我当作姐妹弟兄

当生命在呼唤着你的忠诚

明白了生死边缘谁是真的英雄

无悔无怨中承诺你无畏的选择

因为你把我当作姐妹弟兄

我知道有一种爱无缘无故

我知道有一份情有始无终

我们是十指连着心的姐妹弟兄

一起面对生命中袭来的雨和风

我们是十指连着心的姐妹弟兄

每一分感动都祝福你一路保重

姐妹弟兄

笑、疯、闹,想怎样就怎样,大家放飞着年轻的心,下课铃还是无情地响了,而我们的心早已高飞,飞向幸福而永远的快乐。返回教室的途中,路遇别班的学生,他们都很羡慕:"好浪漫哦!"

今晚，孩子们玩得非常开心，月亮虽然时隐时现，但我们的心里分外明亮，这个特别的中秋晚会会珍藏在每一个人的记忆深处。

【班会总结】

这次班会，我有以下几点感悟：

（1）要善于捕捉教育时机。

中秋，是中华民族传统的家人团聚的日子，由于高三是备考关键时期，学生无法回家，选这个特殊日子一起开个中秋班会就显得很特别。我一直认为，学生应该有三个家：第一个家是有爸爸、妈妈的地方，那里充满了骨肉亲情；第二个家是班集体，这里有为了理想而共同奋斗的兄弟姐妹，互相温暖、互相鼓励；第三个家是寝室，那里是经过一天学习的劳累后休息放松的地方。而这个中秋班会正起到了凝聚人心、强化学生对第二个家认同的作用，也强化了传统节日的育人功能。

（2）班会形式可以灵活多样。

传统的班会大都是在教室里开，这次班会却走出了课堂。这种形式活泼的班会活动激发了学生们的兴趣，在活动过程中，大家都非常踊跃，气氛热烈，在高三备考的紧张时期，起到了调节学生情绪、缓解压力的作用。高三学生的学习任务非常重，有些学生甚至课间都不出教室，在不耽误学习的情况下，这种阶段性的小型户外活动非常适合高三学生。

（3）班会内容可以不拘一格。

可能是明天就要月考了，也可能是昨天中秋晚会玩得高兴，今天的早读同学们来得格外早、早操跑得非常整齐、口号分外响亮。路过昨夜过节的草地，大家似乎又回忆起了那份快乐！（摘自班级日记）

今年中秋节收到学生的短信："想起一年前的这个时候，咱们班还在没有灯光的草坪上乐翻天呢，好怀念呀！"

由此可见，这次班会，虽没有政治说教，没有中规中矩的刻板格式，内容完全由学生自主策划，比如唱的歌、小纸条，不一定完全适合中秋节，但给学生留下了美好的回忆。由于时间紧，内容策划上还有许多欠缺，比如关于中秋节的知识没有纳入活动当中，有些遗憾。

（河南省济源市第一中学　秦望　邮编：454650）

操作提示

1. 班主任要做学生生活中的有心人，心中时刻装着学生，这样班会活动才会一呼百应。

2. 班主任要有童心，要能够和孩子们玩到一起。在节日生成性的主题班会中，班主任老师要忘却自己的教育者身份，全心全意地做孩子们的玩伴，这样孩子们才放得开。

3. 尽管是生成性主题班会，但是适当的组织和设计还是必要的。完全生成，不仅需要班主任有良好的把握能力，还需要学生有相当的素质。如能事先预备一下，总是好的。

二、班级事务性主题班会

为心灵拂尘

【推荐理由】

1. 利用主题班会解决班级管理中存在的问题，《为心灵拂尘》为我们做出了榜样。它让我们明白，主题班会不仅仅是学校安排的任务，也不仅仅是上级的要求，更是班主任处理班级事务、对学生进行德育的重要武器。

2. 用主题班会教育学生，而不是以一个简单的处罚措施，《为心灵拂尘》开辟了班级事务处理的新途径，而且结构完整，思维缜密，注重启发，很值得大家借鉴。

【适用时间】高三班级发生了相关事情就可以召开

【班会背景】

高三复习应考阶段，学生思想开始发生分化，学校接连出现了好几起偷盗事件，在学生中产生了较坏的影响。为稳定学生的学习情绪，教育犯错的学生，杜绝此类问题在班级再次出现，特召开此主题班会。

【班会目的】

1. 唤醒偷盗者的良知，以此引起警醒。

2. 与全班学生沟通，用宽容之心理性地对待犯错学生的行为。

【重点难点】

重点：避免刺激犯错的学生，尽量给他们一个宽松的成长环境。

难点：如何让教师的思想有效地进入学生的心灵。

【课前准备】

1. 制作课件。

2. 赶写《一根黄瓜》，用教师曾经不光彩的经历给犯错的学生一个心灵的触动。

【设计思路】

从班主任自身的经历说起，避免让犯错的学生难堪。尽量以班主任的经历说事，旁敲侧击地完成律己教育。

然后送学生一轮明月，引导学生改正错误，回到正常的学习生活中来。

【班会实录】

一、幻灯片启迪心灵

（出示幻灯片1）

> 神秀说："身是菩提树，心如明镜台。时时勤拂拭，勿使惹尘埃。"
>
> 我们的心灵常会染上灰尘，心灵花园也会长有野草，怎么办呢？野草当然要拔掉，灰尘当然要靠我们勤拂拭。

二、教师叙述儿时故事

（出示幻灯片2）

一根黄瓜

覃丽兰

早上,看到菜市场那些翠绿的黄瓜水嫩得可爱,我不由得买上两根。心底发黄的记忆也被唤醒了……

那是上小学时,漫长的暑假对于我和弟弟来说很难熬,总想吃东西,可总是吃不饱。我们如饥饿的鸟儿到处寻食,只想塞满辘辘饥肠。到菜地里转转,发现刺刺的黄瓜藤上有两根才结蒂的黄瓜,刺刺的外衣,花黄黄的,在艳丽的阳光下格外晃眼。好几次想伸手摘下来,只是苦于黄瓜还太嫩,吃起来可能会很涩。

再说了,那个年代,菜园是我们家唯一的蔬菜来源,一家人的生活可全靠这里。妈妈也留心黄瓜好几天了。好几次做饭时有意无意地说:"我们家那两根黄瓜快成熟了呢!"妈妈这话让我多了几分忍耐。

但终于有一天,我实在忍不住了。我蹑手蹑脚地来到菜地,自作聪明地鼓励自己:"我只摘一根!妈妈不会知道的。"我伸出手,触到黄瓜的那一瞬间,我还在迟疑:万一妈妈知道了怎么办?但另一种声音安慰我:不会的,妈妈肯定不会知道的。

我终于下定了决心,毅然地抓住黄瓜,一拧,黄瓜就在我的手里了,翠绿鲜嫩。我呆呆地望着手中的黄瓜,不由得后悔起来:万一妈妈知道了该怎么办?可是黄瓜不能再长回瓜藤上呀。一不做二不休,不如一口吃掉!我来不及洗,就这样三口两口地将黄瓜吞进了肚子里,至于鲜嫩的黄瓜是什么味道,倒没有在意了。

黄昏时分,妈妈回来了,那锄头落地的咚咚声,让我吓了一跳。接着,听到厨房后门吱呀的声音,妈妈上菜园去了。我竖着耳朵听,妈妈进了菜园,似乎停留在黄瓜藤旁,似乎采摘了什么菜……不一会儿,听见妈妈扯着嗓门在骂:"谁家的小孩这么缺德,跑到我家菜地里偷黄瓜!养子不教父之过,没有家教的孩子,当父母的得好好管管!"

> 妈妈本是无心发泄。可是，我们隔壁家有一个叫小三的孩子，平时专爱偷别人家的菜。妈妈这一叫骂，隔壁家马上就传来打骂孩子的声音："剁脑壳的，砍脑壳的，你又去别人家菜园干什么？家里少你吃少你穿啦？"追着儿子满灶屋打。
>
> 　　我在房间里听着隔壁家的追打，心里扑通扑通直打鼓。我让小三背黑锅了，一向不喜欢小三的我，居然对小三有了几分同情。这时候，我突然听到小三大声嚷嚷："我没去他家菜园。他自家妹偷黄瓜吃，偏偏赖我！"
>
> 　　我在房间里听得真真切切，冒了一身冷汗，真应了那句话，若想人不知，除非己莫为！我以为天衣无缝，谁知道竟然被小三看见了。
>
> 　　"别动不动赖我家小三，问问你家宝贝女儿！"
>
> 　　小三也跟着嚷起来："你问她，你问她！不信喊她出来对质！"
>
> 　　我躲在房间里，大气都不敢出。
>
> 　　妈妈没吱声。我听见妈妈进了厨房，接着传来砍柴声、烧柴声、炒菜声……天黑了，房间里黑得可怕，不久传来妈妈喊我们吃饭的声音。我磨磨蹭蹭地出了房间，惴惴不安地进了厨房，盛了米饭，等待妈妈的指责、弟弟的奚落。可是什么都没有，爸爸依旧喝上几口米酒，妈妈默默地吃着饭，弟弟也是默默地扒着米饭……
>
> 　　事隔多年，许多事已经忘却，唯独这件事一直让我难以忘怀，成了我心中永远的痛。

三、学生讨论发言

学生1：五年级时我拿了妈妈钱包里的10块钱，买了最喜欢的一本漫画书。那一天是我最难受的一天，妈妈回来后我就开始紧张，买来的书也不敢看，怕妈妈问，作业都没心思做。妈妈以为我生病了。我一晚上都没睡好，总担心被妈妈发现。尽管是自己家的钱，但是没有经过父母同意，就是偷。这种感觉很糟糕。

学生2：我私自拿过一个同学的书，我太喜欢那本书了，就悄悄拿回了家。同学问谁拿了，我不敢回答。现在那本书还在我家里，看到那本书，我就好像看到过去不光彩的自己。

学生3：我吃过寝室里一个同学带来的苹果，后来那位同学骂得很难听，我几次想站出来反击他，却没有勇气。犯错让我失去了和别人争论的勇气。

（其他学生略）

班主任：我至今仍记得那个明晃晃的夏日，那根绿绿的黄瓜，那让我饱受煎熬的下午。一个人干了一件不光彩的事，会在心中留下一辈子的阴影，我们记得开心的事，更会记得让我们内疚一生、铭记一生的丑事。人孰能无过，知错能改，善莫大焉。

四、送迷途者一轮明月

（出示幻灯片3"明月图"，请学生谈感想）

学生4：每个人头上都有三尺神明，不要以为你做了坏事就没人知道，若想人不知，除非己莫为。

学生5：我们总会遇到挫折和苦难，在苦难如黑夜那么多时，我们要看到希望和光亮，继续努力。

学生6：我们班目前虽然发生了偷盗事件，让我们都不开心，但是我们不能因一个同学的过错而影响全班的形象和荣誉。

学生7：明月上有几缕乌云，正如我们也会有缺点和过错，我们要不断自省，要拂去心灵的灰尘。

班主任：难为大家想到这么多。老师和你们的想法不同，当一个人犯了严重的错误后，我们该怎么对待他呢？是宽容，还是严厉指责？是帮助，还是横眉冷对？我想，接下来这个故事会给我们带来启示。

（出示幻灯片4）

> **我把明月送给你**
>
> 　　一位住在山中茅屋修行的禅师，有一天趁夜色到林中散步，在皎洁的月光下，他突然开悟了。
>
> 　　他欢喜地走回住处，眼见到自己的茅屋遭小偷光顾。找不到任何财物的小偷，要离开的时候才在门口遇见了禅师。原来，禅师怕惊动小偷，一直站在门口等候，他知道小偷一定找不到任何值钱的东西，早就把自己的外衣脱掉拿在手上。
>
> 　　小偷遇见禅师，正感到愕然的时候，禅师说："你走老远的路来探望我，总不能让你空手而回呀！夜凉了，你带着这件衣服走吧！"
>
> 　　说着，他就把衣服披在小偷身上。小偷不知所措，低着头溜走了。
>
> 　　禅师看着小偷的背影走过明亮的月光，消失在山林之中，不禁感慨地说："可怜的人呀！但愿我能送一轮明月给他。"
>
> 　　禅师目送小偷走了以后，回到茅屋赤身打坐，他看着窗外的明月，进入定境。
>
> 　　第二天，他在阳光温暖的抚触下，从极深的禅定里睁开眼睛，看到他披在小偷身上的外衣被整齐地叠好，放在门口。禅师非常高兴，喃喃地说："我终于送了他一轮明月！"

五、教师发言引导

班主任：同学们，这段时间，我们学校先后出了好几起偷盗事件，在我们班上，也发生过类似的事件。有几起已经妥善处理了，有一起，虽然谁干的还没有查出来，但是丢失的钱包已经找回来了。我对这件事的处理态度是：

第一，我不想知道这个人是谁，希望大家也不要刨根究底地去猜想怀疑，因为你的怀疑就是对他的伤害。有的同学会想，他拿了同学那么多钱，不是给我们造成了伤害吗？既然他已退回钱包，就说明他想改错，他也一定会补齐那笔钱的。"赠人玫瑰，手有余香"，我们伸出宽容之手，就是对他最好的帮助。

第二，第二是——（我故意停下来，卖个关子）你们认为接下来我会怎么做？

学生：不会处理。

班主任：为什么？

学生9：因为我们都不想知道他是谁，一旦处理，大家就都知道了，他在班上就没意思了。

学生10：老师是要给他改错的机会，怕我们知道了会戴着有色眼镜看他。是吗？

学生11：可是那钱怎么办？不可能就这么稀里糊涂算了吧？这是对犯错者的姑息。

学生12：同学一场，估计他犯错，心里也难受，谁没有一时贪念，我们谁都有犯错的时候。这钱，是不是我们大家帮着凑凑？这是莫寒的学费呀！

学生13：我不同意凑，谁犯错谁承担，我们不能为他的错误埋单，现在我们为他埋单，到以后谁为他的错误埋单呢？

班主任：大家说得都很有道理。确实，我用我的人格向周主任做了担保，对这个同学不处理。因为我不想他因干了一件糊涂事就被一棒子打死，我也不想班上有同学掉队，你们说是吗？但是，我们的宽容和善良也是有底线的，那就是补齐拿走的钱，不再发生此类事情。否则，我们全班同学对这位同学绝不姑息！

（学生都点头同意我的处理意见）

班主任：这件事到此为止，不要因为这件事而影响我们班级的团结。我，我们都不希望听到有同学再说怀疑某某之类的话，我相信大家都能够做到。

（学生报以掌声，表示对我的支持）

【班会总结】

那一段时间，我外出学习，学校没有安排代理班主任，我们班实行学生自主管理。由于是高三迎考阶段，学生思想浮动，加上管理空缺，结果，一些守不住自己心灵的学生迷失了方向，班上出现了几起盗窃事件。对于这些盗窃事件，究竟是该大张旗鼓地搜查，还是该悄无声息地大事化小、小事化了呢？我权衡了好久，决定召开一次主题班会。

在开主题班会前，我也在思考一个问题：这样大面积地做学生思想工作，会不会给迷途的学生带来压力？如果让他们在高考紧张的情绪中，还要承受思想上的压力，无论如何，是得不偿失的。该怎么处理呢？我想到了用自己的经历——故意把自己不光彩的地方示人，把自己也定位在一个曾经犯错的孩子的角度，和学生一起讨论这个问题。这样就让学生认识到，人无完人，金无足赤，堪称楷模的老师也会犯错。这样就能够给犯错的学生减轻压力了。

在减轻压力的同时，怎么启迪学生呢？我想到了神秀的故事和关于明月的故事，决定用这两个故事启迪学生。

事实证明我这样做是正确的。尽管最后犯错的学生并没有站出来，但是这个主题班会召开一个月后，失主的钱全数回来了——犯错的学生趁没有人的时候，把钱送了回去。正如我对学生所说的："一轮明月照亮了每个人的心。我相信月亮的光辉会深深地印在所有人的内心深处！"

（湖南省怀化市铁路第一中学　覃丽兰　邮编：418000）

操作提示

1. 用故事启迪学生的心灵，让受教育者在欣赏故事的同时提高思想认识。

2. 用老师自己的经历教育学生，孩子们会觉得老师更亲切、更有人情味了，也让教育摆脱说教的模式，使感染力更强。

三、总结表彰性主题班会

为自己喝彩——运动会"另类"表彰大会

【推荐理由】

1. 利用学校秋季运动会的表彰为备战高考鼓劲加油，激发学生迎难而上的精神，从气场上说，这个主题班会开得及时、开得恰当、开得很有价值，深得做班主任的要领。

2. 以电视报道的形式进行表彰，形式上有新意，能够吸引学生的眼球，也为学生留下了宝贵的精神财富。只有用心的班主任才能够做到。

3. 新加坡旅游部门向总统李光耀汇报说："我们除了太阳，什么资源都没有。"李光耀说："这难道还不够吗？你还要多少？"一节优秀的主题班会课，有了前面两个值得推荐的理由，难道还不够吗？

【适用时间】高三第一学期

【班会背景】

2010年学校秋季运动会上我们班获得了团体总分第一名和精神文明奖第一名的好成绩，这对于刚刚进入高三的希蕾班（我们班的班名）来说，是一次励志鼓劲的好机会。高三，尤其需要发挥这种团结拼搏的精神，把拼搏精神用到学习上去，就成为我召开这个主题班会的主要目的。

【班会目的】

1. 利用运动会的准备工作、比赛进程和比赛结果为学生高三的学习树立信心。
2. 通过此次表彰总结成功经验，鼓舞士气。

【重点难点】

1. 搜集整理学生在运动会上的突出表现，加以奖励。
2. 把运动精神和学习精神结合起来，形式上要创新。

【课前准备】

1. 统计运动员获奖情况。
2. 统计稿件写作数量和发表情况。
3. 提名和投票评选出呐喊助威女神和王子。

【设计思路】

1. 运用前方记者采访报道的形式，最大限度地动员学生参与表彰活动。
2. 注重真性情，要让学生喜欢，语言要贴近生活、生动活泼。

【班会实录】

合：同学们、老师们，下午好！

主持人萍：学校一年一度的秋季运动会在这秋高气爽的11月圆满结束了！

主持人恬：我宣布2010年度校运会希蕾班颁奖典礼正式开始！

主持人恬：我们班在这次运动会上取得了团体总分第一名的骄人成绩！

主持人萍：我们不仅总分第一名，还一举拿下精神文明奖第一名！

主持人恬：还记得那些振奋人心的场面吗？

主持人萍：还记得那些勇敢拼搏的运动员吗？

合：让我们一起重温那些动人场景以及不为人知的背后故事！

（课件展示精彩瞬间）

第一环节：鼓励酱油一族

主持人萍：他们虽然没有得到名次，但同样为维护我们班的荣耀做出了贡献。艾青说："总有些人无法到达彼岸，但至少他们也拥有过大海！"不以名次论高低，他们体现了运动精神的崇高，他们同样值得我们骄傲和喝彩。

获得鼓励奖的是：粟俊达、伍丰、马猛猛、马惠敏、章文逸、谌昊天、张浩、黄博闻、马子岚。请他们上台来领奖！

（班长为他们颁奖）

主持人恬：现在我们连线前方记者，请导播将画面切给前方记者。

（记者马猛猛采访黄鑫）

记者马猛猛：观众朋友们下午好！告诉大家一个消息，今天我又欠作业了！我是欠作业电视台记者（全班起哄：成绩这么好，还来这一招！凭什么你欠作业还成绩好！）在本次校运会中我光荣地成为打酱油一族，今天我就采访酱油族的杰出代表黄鑫。黄鑫同学，这次运动会你报了1500米、3000米，请问你怎么有这么大的勇气挑战自我？

黄鑫：本来我没打算报，那天覃老师找我谈话，我一激动就报了！然后我每天放学后跑10圈，自我感觉挺好的，就想，我一定会为班级争光。谁知，他们这么厉害，没想到自己这么酱油！（全班笑翻了天）

记者马猛猛：你想跟我们酱油一族说些什么呢？

黄鑫：至少我努力过，哪怕是打酱油也无所谓，我问心无愧！我想高考我一定要加倍努力,绝不让自己留在酱油一族!

(黄鑫在男子4×100米预决赛中表现出色,为我们班夺得第一立下汗马功劳)

第二环节:颁发最佳贡献奖

主持人恬:感谢前方记者马猛猛的报道。他们用自己的行动,用自己的坚忍不拔的精神,在运动场上挥洒着青春,展现着风采,为实现班级共同的目标而努力。最佳贡献奖的获得者是:

彭宇(三级跳远第一名,100米第二名,男子4×100米第一名)、彭旭东(三级跳远第二名,400米第一名,男子4×100米第一名)、廖倩(3000米第五名,400米第三名,女子4×100米第三名)、杜盼(女子4×100米第三名)、唐芳萍(跳远第三名,铅球第四名)、黄鑫(男子4×100米第一名)。请颁奖!

主持人萍:现在连线本台前方记者。

(记者粟俊达采访彭宇)

(看幻灯片)

粟俊达:这是你跳远跃进沙坑的一瞬间,很潮,就和你平时一样潮,不愧为我班潮男。这是你100米接力冲线的那一刻,我们很兴奋,你也很兴奋吧?你从来没有战胜过王和,在冲向终点的时候,我们看到你是一点一点赶超王和的,请问你赛前是怎么想的?

彭宇:当时就是不服气,凭什么王和拿了100米第一、200米第一?我不比他差,可是这么多年了,每次就是差那么一点点,老是输给他。不服气,能怎么办?只有拼尽全力。覃老师老对我们说,不是尽力,而是要竭尽全力。我拼了,没想到,我赢了,我们班赢了。

粟俊达:你冲向终点的那一声吼,简直是气壮山河!

彭宇(摸摸后脑勺):有那么夸张?我都不知道。(全班笑倒)

(记者李源采访彭旭东)

李源:为什么你腿上有伤,还能跑得这么快,有什么秘诀吗?是不是因为吃了我家的米粉才这样厉害的?(全班起哄:"这广告也太过了吧?缺乏职业道德!")

彭旭东：你家的米粉吃了拉肚子，我昨天都拉得脱水了。我是吃槟榔长大的！（老班嘀咕：居然在此大言不惭地吃槟榔。看你为本班夺冠贡献大，我们不和你计较了）

李源：课堂上西早老师（学生对我的昵称）曾采访过你，说体育场上一条龙，课堂上就是一条虫，同桌说你在课堂上很猥琐。你是怎么看的？（这也太不给东哥留面子了吧）

彭旭东：我爱运动，在运动场上就有活力。可是，除了语文、历史，其他功课我实在是没有兴趣。不过，我会想办法学进去的，我想考体院。

李源：你对语文有兴趣，我们有目共睹，西早老师就在课堂上推荐过你的好几篇周记。看不出你写文章这么感情丰富、文笔细腻，以后传我一些绝招。（东哥脸红：没问题）我们相信东哥不仅赛场上帅，课堂上、考场上更帅！我们大家一起督促东哥，和东哥一起努力！

全班学生：东哥东哥就是力量，东哥东哥就是力量！东哥东哥就是力量，东哥就是力量！！嚯哈嘿！！！（教室里再次响起由盼盼编唱的《东哥就是力量之歌》，大家跟着一起唱起来）

主持人恬：感谢前方记者粟俊达、李源的报道。更快更高更强，奥林匹克精神在他们身上得到了体现，他们是我们班的核心力量，他们为夺冠立下了汗马功劳。下面是运动员代表出场：

崔文君（标枪第一名，跳高第二名）、李理（铁饼第三名，跳远第四名）、李源（标枪第五名）、张能（跳远第四名，男子4×100米第一名）、刘好晨（铁饼第六名）、郑卓雨（跳高第四名）、尹婷（3000米第四名）。

主持人萍：我们连线本台记者。

（潇潇采访廖倩，赵原笛采访杜盼，唐瑞霞采访尹婷。以下为精彩采访片段节选）

廖倩：我想人只要坚持就能干好一件事，我想努力学习就会有回报。

杜盼：虽然我身体还没恢复，但是高中的最后一次运动会我不想当观众，看到接力缺人，我还是拼着上了。住院的时候，我就想着希蕾班，想着大家，我害怕离开你们，还好我回来了，还参加了最后一次运动会。和大家分享一句话：人最脆弱的时候，也就是最坚强的时候！（小姑娘说话带着哭腔，几个女生在台下抹泪，教室里安静得只有盼盼的声音在回荡）当时赵益打电话给我说，盼盼，运动会没有你不行啊。结果，班上涌现出了不少新人，廖倩呀，尹婷呀，黄丽呀，唐芳萍呀，我再次感受到了团结的力量。高考就要来了，我们要用团结的力量去战胜高考。（大家使劲为这个坚强的女孩鼓掌）

尹婷：我也不知道 3000 米怎么就跑下来了。真的感谢芳萍一直陪我跑、鼓励我，感谢寝室的同学陪我训练，感谢大家给我加油，还要感谢我的哥哥陪我跑了一圈又一圈。（鞠躬，婷婷也哭了）有了你们的鼓励我才能跑完这 3000 米。其实学习也是赛跑，我要不断地给自己打气，你们也给我打气，好吗？

主持人恬：他运筹帷幄，他统筹兼顾，带领我们再创辉煌，最佳领导奖——赵益！

主持人萍：我们班哪个女生的"小宇宙"最强大？（大家喊"刘嫣雨"）对！就是她，最具活力奖归刘嫣雨，她个子虽小，却取得了 400 米第一名、800 米第二名、4×100 米第三名。

主持人恬：她们没有可怕的小宇宙，锲而不舍是她们最可贵的品质，她们是最佳耐力奖得主：黄丽（800 米第三名，1500 米第四名）、尹婷（3000 米第四名）。请看本台记者连线。

（记者周佳采访黄丽，马子岚采访赵益）

黄丽：我想只要努力，我们是完全可以发挥出潜能的。现在高三了，距离高考只有 210 天了，只要我们努力，我们就能在高考中发挥出自己的潜力。加油！（文弱的女生，实在看不出来，也这么能跑）

第三环节：颁发最佳宣传奖、最佳呐喊奖

主持人萍：运动会上，短短三天，我们班写了 842 份稿件，平均每人有 15 份。学校宣传部都被我们的势头震住了。他们用笔在纸上书写美好，他们用文字为同学们一遍又一遍地加油鼓劲。他们为我们班的精神文明奖做出了卓越贡献。谁是最佳广播女神？（主持人指着屏幕）是她？是她？还是她？

（20 多个同学的特写出现在屏幕上，大家七嘴八舌地猜来猜去）

（最佳宣传奖）

主持人恬：他们是最佳宣传奖获得者：王卉、袁恬、张瀚月！

（最佳呐喊奖）

主持人恬：她的嗓子喊哑了，口水喊干了。为了帮助运动员呐喊助威，她却一直坚持着。她是谁？她就是最佳呐喊奖获得者：唐瑞霞！

（颁奖）

请听前方记者的采访。

（采访最佳呐喊奖得主）

张翰月：我没有耐力，我没有力量，运动员们这么努力，我不是运动员，那就要努力为拿下精神文明奖出力。我大概写了50来篇稿子吧，录用了15篇。

唐瑞霞：我没为大家做什么，清扫和保持场地卫生是我作为劳动委员的职责。可能是我的嗓门大吧，呐喊加油，大家都只听到我的声音，所以就将这奖评给我了。大家都努力为班级荣誉呐喊，好多人的喉咙都喊哑了。大家都值得表扬！应该为大家鼓掌喝彩。（真会说话，把大家都表扬了）

第四环节：班主任老师总结

主持人萍：请本台王牌记者章文逸采访希蕾家族领导者西早老师！

记者：欢迎大家收看打酱油电视台的特别报道，请大家多多支持我！（掌声不断）今天我有幸采访了希蕾家族的领导西早老师。

西早老师：很荣幸能接受打酱油电视台王牌记者的采访。（握手致意）

章文逸：西早老师，你对我们班这次运动会取得的成绩是否感到意外？

西早老师：非常感谢同学们对我的理解和支持。说句实话，由于家里有重病人，我这几天一直在医院，运动会期间几乎没有时间陪伴你们，未能分享你们赛场的激情，真是遗憾。但是你们依靠自己的努力取得了赛事的成功，我要感谢你们，你们已经有足够的自主能力独立完成大型活动。有两句话说得好，"机会总是青睐有准备的人"，"人心齐，泰山移"，你们的行动就是证明。

运动会报完名后，你们每天苦练。我看到，不管运动员是否取得名次，你们都用热烈的掌声欢迎"王者归来"，那份热情足以让每个同学感受到这家庭的温暖。你们不遗余力地呐喊助威，互相激励，我们完全可以用这样的团结、努力、激情去赢得学习赛场的胜利。我相信你们会在明年的6月取得好成绩！大家有信心吗？（学生大声回答："有！"）好，我们一起为自己加油助威啊，180高考必胜！希蕾班高考必胜！我们要团结坚忍，战胜一切困难！180高考必胜！希蕾班高考必胜！

（主持人说结束语）

主持人萍：为自己喝彩，我们为了实现目标曾那么努力过。

主持人恬：为自己喝彩，我们竭尽全力，就能做到最好的自己。

主持人萍：为自己喝彩，我们没有理由在困难面前退缩。

主持人恬：为自己喝彩，我们有理由在别人鄙夷的眼光里抬起自信的头！

主持人萍：运动会结束了，但180的故事还在继续，我们的终极目标是高考，它的脚步越来越近了。

主持人恬：祝愿我们希蕾班的全体同学都能发挥在运动场上团结拼搏的精神，祝180高考创造奇迹，为我们180的故事画上完美的句号。

让我们一起唱响那首熟悉的歌《最初的梦想》，为自己喝彩，为自己呐喊！

（全班合唱结束，歌词略）

【班会总结】

有一些反思，需要一长段时间之后才能够想清楚；有些事情，需要更长的时间才能够看到它的效应。现在，读着这篇班会实录，离2011年高考已经一年多了，当年的希蕾班，已经走过了高考那段艰难的日子，孩子们带着他们的光荣、他们的梦想、他们的汗水离开了学校。

记得离开之前，好多孩子拥抱着我说："西早老师，遇到您是我们的幸运，感谢您在高三那么苦闷的日子里为我们开的一系列主题班会。您用主题班会点燃了我们学习的激情。"2011年高考，我们班取得了新的突破，同学们实现了王者归来的梦想，成为全校成绩最好的班级，二本上线率全市第一，全校的第一、二、五名都出在我们班。成绩证明带高三时我的教育管理和组织工作是恰当的。

高三，不纯粹是为了高考而学习，不纯粹是苦行僧式的生活。高中生，正是如花似玉的年龄，他们需要劳逸结合，需要充满激情的生活。因此，我组织的高三秋季运动会另类表彰主题班会，就成了学生印象深刻的一件事，就成了他们美好的记忆。

一个主题班会能够成为学生生命中的一部分，这个主题班会再怎么不完美，也足够让人欣慰。

（湖南省怀化市铁路第一中学　覃丽兰　邮编：418000）

操作提示

1. 当学生在学校的各种竞赛中取得优异成绩时，我们千万不要淡然处之，一定要抓住机会，大张旗鼓地进行表彰。班主任充满激情的表彰，是增强班级凝聚力的最好办法之一。

2. 关注学生的每一点进步，表彰得越有细节，学生越受感动。让学生感动，并以此为契机引导他们振奋精神，增强学习的动力，才是主题班会的主要目的。

四、庆祝典礼式主题班会

成人礼——向 18 岁致敬

【推荐理由】

1. 高三的学生即将毕业，而且好多学生已经年满18岁，已经是具有独立人格的人了，成人礼有助于激发他们的责任感和自豪感，有助于今后的教育教学工作的开展。

2. 案例的各个环节设计得都很紧密，一环套一环，显示出了主持者较强的组织能力。

3. 最为精彩的是通过亲子活动，加强了两代人的沟通和交流，促进了学生健康人格的形成。

【适用时间】高三第二学期

【班会背景】

1996年4月8日，共青团中央发文要求在16—18岁成人预备期内的青年中开展成人仪式活动，这是一项既有教育意义又有纪念意义的活动。尤其是随着高考临近，学生压力与日俱增，烦恼不断增多，很多学生夜不能寐，茶饭不思，学习上也丧失了前进的动力。适时开展这类活动，既能为学生减压，又能激励学生向高考冲刺，实在是一举两得的好事！

【班会目的】

1. 通过集体生日，凝聚班级精神，感悟成长责任，提升班级备考战斗力。

2. 通过成人仪式、亲子活动，让学生学会感恩。

【重点难点】

重点：通过亲子活动，学会感恩父母。

难点：树立责任意识，保持积极向上的进取之心。

【课前准备】

1. 物质准备：蛋糕，纸，笔，散文《小男孩和苹果树》，朗诵《海燕》及配乐，自编自演小品《抄作业》《为什么不洗脚》《面试》，歌曲《命运交响曲》《壮志雄心》《突然好想你》《朋友》。

2. 邀请部分家长参加，并提前告知活动内容。

【设计思路】

1. 用配乐朗诵营造良好的感恩气氛，引导集体情绪，便于后面活动的开展。

2. 利用亲子活动启发学生学会感受父母的爱，感受到生命的价值和意义。

3. 用集体生日宣誓仪式来强化责任意识，激发学生强烈的责任感，从而实现这次主题班会的意图。

【班会实录】

第一部分：感恩父母

一、感恩诗文朗诵

（灯光灭，音乐响，男主持人藏在讲台后，声情并茂地朗诵《小男孩和苹

果树》)

小男孩和苹果树

瑞乔·M.约翰

有一棵苹果树。有一个小男孩每天都喜欢来跟苹果树玩。他上树摘苹果吃，在树荫里打盹，他爱这棵苹果树，苹果树也爱他。

时光飞快地过去，小男孩变成了大男孩。他不再跟苹果树玩了。一天，男孩回到苹果树身旁，他看起来很难过。

"来跟我玩一会儿吧。"苹果树对他说。

"我不是小孩子了，我不会爬树了，我需要玩具，我需要钱买玩具。"小男孩说。

"对不起，我没有钱。不过你可以把我所有的苹果摘下来拿去卖钱。"苹果树回答他。

小男孩打起精神来，他把所有的苹果摘光了，然后快乐地离去。

摘了苹果后，小男孩再也没有来看过苹果树，直到他长成一个大人。一天，他又回到苹果树这里。

"来跟我玩一会儿吧。"苹果树对他说。

"我没有时间玩，我要工作来养活我的家庭。我们需要一所房子安身，你能帮助我吗？"男人说。

"对不起，我没有房子。不过你可以砍掉我所有的树枝拿去盖房子。"苹果树回答说。

男人打起精神来，他砍掉所有的树枝，然后快乐地离去。

看到男人快乐，苹果树也非常快乐，不过男人砍了树枝以后再也没有来看过苹果树。苹果树又孤单了，它很伤心。

一个炎热的夏日，男人回到苹果树这里。苹果树高兴极了。

"来跟我玩一会儿吧。"苹果树对他说。

"我年纪一天比一天了大了，我想去航海，让自己放松下来。你能给我一条船吗？"男人问。

"用我的树干去做条船吧。你就可以航行到很远的地方了，你会快乐的。"

于是男人砍了树干做了条船,他真的去航海了,并且很长时间没有回来。

很多年以后,男人终于回来了。

"对不起,孩子,"苹果树说,"我没有什么可以给你的了,没有苹果给你吃。"

"没关系,我牙齿都掉光了,不能咬苹果了。"男人说。

"也没有树干给你爬。"苹果树说。

"没关系。我太老了,爬不动树了。"男人说。

"我真的没有什么可以给你,只有我快要枯死的树根。"苹果树流着眼泪说。

"我并不需要什么,只要有个地方能坐下来休息一下,经过这么多年,我太累了。"男人回答。

"那好!老树根是最适合歇息的地方了,过来跟我坐一会儿吧。"苹果树高兴地说,含着眼泪对男人微笑着。

这个故事送给每个孩子。苹果树就像我们的父母。

当我们年幼的时候,我们喜欢跟爸爸妈妈一起玩。等我们长大了,我们就离开父母。只有当我们有需要或者遇到麻烦的时候才回到他们身边。无论怎样,父母一直在那里,尽一切所能提供我们所需要的一切,只为让我们快乐。

你也许觉得故事里的小男孩对苹果树很残忍。然而,我们每个人正是那样对待我们的父母的。

爱你的爸爸妈妈吧,从这一刻开始。

(灯亮,主持人出场,致开场白)

女主持人:花儿感恩春天的雨露,小树感恩大地的养育,星辰感恩广阔的夜空,鱼儿感恩大海,鸟儿感恩天空……我们,要学会感恩。

合:向18岁致敬——0705班成人仪式现在开始!

二、亲子交流活动

女主持人:感恩亲人,感恩生活,感恩社会……如果要我来选择,我第一个要感恩的是父母!父母为我们不知花费了多少心血与汗水,我们才能在这个五彩缤纷的世界里享受着生活的快乐。

男主持人:我们要感恩父母,感谢他们用辛勤的汗水哺育了我们成长,感谢他们教会了我们做人，感谢他们给予了我们人世间最浓的亲情和最深的牵挂！

女主持人：下面有请到场的家长配合我们的同学完成一个互动活动。

男主持人：这个互动活动要求同学们和自己的家长背靠背坐在一起，回答主持人的问题，将答案写在白纸上，我们将一起来揭晓答案。

（布置场景，家长和学生背靠背坐在椅子上，等待活动开始）

女主持人：现在家长和同学们都准备好了，第一个问题是：对方的生日是什么时间？请家长和同学们把答案写在纸上。

男主持人：金国龙写下的爸爸的生日是12月26日。请问金爸爸，这个日子对不对？

金国龙爸爸：不对，我的生日是1月26日。（金国龙很羞愧，同学们笑）

男主持人：金国龙，你写的生日是农历还是公历？

金国龙：我写的是公历。

男主持人：下面我们来看看金国龙的生日。金爸爸写下的金国龙的生日是1992年5月3日。请问金国龙，这个日子对不对？

金国龙：对的。

（金国龙爸爸很欣慰地笑了，全班同学鼓掌。女主持人走到下组成员前揭晓答案）

女主持人：下面我们来揭晓吴昭毅和吴妈妈的答案。吴昭毅写下的妈妈的生日是1970年4月20日。请问吴妈妈，这个日子对不对？

（吴昭毅很紧张，吴昭毅妈妈笑）

吴昭毅妈妈：我的生日是1970年10月28日。

女主持人：看来吴昭毅也不记得妈妈的生日。吴妈妈写下的吴昭毅的生日是1993年2月24日。请问吴昭毅，这个日子对不对？

吴昭毅：对的。

（全班陷入沉默。男主持人移动到下组成员前揭晓答案）

男主持人：下面我们来看看张玫的妈妈写下的答案——张玫的生日是1992年4月21日。请问张玫，这个日子对不对？

张玫：对的。

男主持人：父母一般都记得子女的生日，子女却不一定记得父母的生日。下面我们来看看张玫是否记得妈妈的生日。张玫的答案是1966年7月18日。请问张玫妈妈，这个日子对不对？

张玫妈妈：对的。

（全班鼓掌）

男主持人：张玫的回答和妈妈写下的答案是一样的。（提高音量，激情满怀地说）我们不一定都记得父母的生日，可父母一定会记得我们的生日。感谢我们的父母吧！是他们给予了我们生命，让我们享受到人世间的亲情！我们从呱呱坠地到长大成人，有谁能离开父母的呵护、教诲、影响和支持？

女主持人：我们的第二个问题是：对方的口头禅是什么？请双方将答案写在纸上，等一下我们来揭晓答案。

男主持人：下面我们来看看张玫的妈妈写下的答案——张玫的口头禅是"随便"（学生哄笑）。请问张玫，这个对不对？

张玫：对的。

男主持人：张玫写下的妈妈的口头禅是"今天想吃什么呀"。请问张玫妈妈，这个对不对？

张玫妈妈：对的。

女主持人：下面我们来揭晓吴昭毅和吴妈妈的答案。吴昭毅写下的妈妈的口头禅是"你说呢"。请问吴妈妈，这个对不对？

吴昭毅妈妈：差不多。

女主持人：吴妈妈写下的吴昭毅的口头禅是"行了，行了"。请问吴昭毅，这个对不对？

吴昭毅：不知道。

男主持人：我们来看看金国龙写的……呃，他的纸上怎么是空白的？（转向金国龙）

金国龙：我爸基本上没什么口头禅。

男主持人：下面我们来看看金国龙的口头禅。金爸爸写下的答案是"吃了没？"。请问金国龙，这个对不对？

金国龙：不知道。

（第三个问题是：每天见面的第一句话是什么？）

男主持人：金国龙没有写。

金国龙：我比较纠结，不知道怎么写。（金国龙很羞愧，同学们笑）

男主持人：下面我们来看看金爸爸写下的答案——"吃了没？"请问金国龙，这个对不对？

金国龙：对的。

（金国龙爸爸很欣慰地笑了，全班鼓掌。女主持人移动到下组成员前揭晓答案）

女主持人：下面我们来揭晓吴昭毅和吴妈妈的答案。吴昭毅写下的答案是"今天学习怎么样？"。请问吴妈妈，这个对不对？

（吴昭毅很紧张，吴妈妈笑）

吴昭毅妈妈：不全对的，我比较关心他的身体，还有他的心情。

女主持人：吴妈妈写下的答案是"今天有什么好吃的？"。请问吴昭毅，这个对不对？

吴昭毅：对的。

吴昭毅妈妈：他对吃比较感兴趣。

男主持人：下面我们来看看张玫的妈妈写下的答案——"现在几点了？"请问张玫，这个对不对？

张玫：对的。

男主持人：张玫的答案是"还不起床！"。请问张妈妈，这个对不对？

张玫妈妈：对的。

（第四个问题是：在你们的印象中，对方让你最难忘的事是什么？）

（吴昭毅的答案是：我生病了，妈妈一夜没睡，用毛巾敷在我额头上，直到我退烧。吴昭毅妈妈的答案是：儿子8岁的时候，家里正盖房子，他就帮着往楼上搬砖，让我感到他小小年纪就知道帮家里分忧，是一个有担当的人）

（第五个问题是：对方最希望得到的是什么？）

男主持人：下面我们来看看张玫的妈妈写下的答案——张玫最希望得到的是"肯德基"。（学生哄笑）请问张玫，这个对不对？

张玫：对的。

男主持人：下面我们来看看张妈妈最希望得到的是什么。张玫写下的答案是"我送的东西"。请问张妈妈，这个对不对？

张玫妈妈：对的。

男主持人：张玫，有没有什么想跟妈妈说的？

张玫：妈妈，我爱你！

（母女俩抱在一起，张玫的妈妈泪光闪闪，一副很幸福的样子）

女主持人：下面我们来揭晓吴昭毅和吴妈妈的答案。吴昭毅写下的是"跑车"。请问吴妈妈，这个对不对？

吴昭毅妈妈：准确地说是敞开的车，因为我晕车。

女主持人：吴妈妈写下的答案是"希望儿子天天开心，还有一些知心的朋友"。请问吴昭毅，这个对不对？

吴昭毅：对的。

女主持人：刚才张玫已经向妈妈表白了，你是不是也有什么要对妈妈说的？

吴昭毅：希望妈妈身体健康！

男主持人：金国龙写下的答案是"希望我能考上重点大学"。请问金爸爸，这个对不对？

金国龙爸爸：对的。

男主持人：下面我们来看看金国龙最希望得到什么。金爸爸写下的答案是"电脑"。请问金国龙，这个对不对？

金国龙：对的。

男主持人：看来金爸爸确实对金国龙很了解，就知道他是一个爱上网的孩子。前面两个同学都对父母表白了，你是不是也表示一下？

金国龙（害羞）：不知道该说什么好啊。

男主持人：当我们受到委屈，能耐心听我们哭诉的人，是父母。

女主持人：当我们遇到困难，能倾尽一切来帮助我们的人，是父母。

男主持人：当我们犯错误时，能毫不犹豫地原谅我们的人，是父母。

女主持人：当我们取得成功，会衷心为我们庆祝、与我们分享喜悦的人，是父母。

主持人合：而现在，依然牵挂着我们的，还是父母……

男主持人：有人说，假如今天是我生命中最后一天，我要做的第一件事，就是报答养育我的父母！"滴水之恩，当涌泉相报"，更何况父母为我们付出的不仅仅是"一滴水"，而是一片汪洋大海。

女主持人：让我们学会感恩父母吧！用一颗感恩的心去对待父母，用一颗真诚的心去与父母交流。让我们永远铭记父母的养育之恩，让父母多一丝微笑、少一丝忧愁，让父母越活越幸福、越活越开心。

合：让我们以感恩的心回报我们亲爱的父母！祝愿全天下的父母幸福安康！

第二部分：我长大了

三、小品《面试》

男主持人：母爱似水，父爱如山，如今的我们，成长中的我们，也学会了责任与担当。如果你不信，那就用咱们的故事来说话吧！

女主持人：下面请大家欣赏刘妙峥、周古月、吴庆带来的小品《面试》。

（具体内容略）

女主持人：《面试》是我们对责任的初步理解、对担当的简单尝试。感谢他们的精彩演出，它使我们认识到一个简单的道理——长大就从担当责任开始！

男主持人：但是，要担当责任，需要一定的勇气。下面请欣赏高尔基的散文《海燕》，让我们用海燕的预言唱响成人的仪式吧！

女主持人：音乐——响起来！！

四、配乐诗朗诵《海燕》

（高尔基《海燕》略）

第三部分：成人仪式

五、小合唱《壮志雄心》

（表演者："扫把乐队"）

（灯灭，"扫把乐队"摆好造型，灯亮，成员做自我介绍："Ladies and

gentlemen, we are "扫把乐队",我是蔡杰,我是董昆,我是樊仁财,我是金浩"。他们手里拿着扫把和羽毛球拍当吉他,开始忘我地演唱《壮志雄心》。歌词略)

六、成人礼之一——宣誓

(集体朗诵《少年中国说》)

十八而志,青春万岁;红日初升,其道大光;河出伏流,一泻汪洋;纵有千古,横有八荒;前途似海,来日方长。美哉,我少年中国,与天不老!壮哉,我中国少年,与国无疆!风沙吹不倒,艳阳灼不伤,历经风雨茁壮,再茁壮!顽强再顽强!我们是祖国美好的明天,我们是祖国未来的希望;听,一句流传千古的豪迈誓言在回响:"少年智则国智,少年富则国富,少年强则国强!""少年智则国智,少年富则国富,少年强则国强!"

七、成人礼之二——吃蛋糕、许愿

(男女主持人打开蛋糕,同学们帮忙插上 18 根蜡烛,点燃蜡烛后关灯。每个同学许下自己的心愿,然后全班一起吹灭蜡烛。班主任切分蛋糕,最后是"蛋糕战")

【班会总结】

本次班会设计为成人仪式，主要目的是通过举办成人仪式，为同学们过一次集体生日，释放压力，与父母交流感情，增强学习的动力。从班会的实际情况来看，目标基本达到。在亲子活动环节中，主持人适时地引导学生向家长真情告白，张玫感谢妈妈，说出自己的心声"妈妈，我爱你！"，吴昭毅也向妈妈表白了。这一环节，家长和学生都很受触动……

在小品环节，通过《面试》展示了高中、大学、就业时三个不同阶段的故事，揭示了一个共同的主题——我们应该采取积极的人生态度，做有责任敢担当的人。后面班级乐队演唱的励志歌曲、集体许愿和集体宣誓，都极大地激发了学生的热情。

虽然这次班会离高考只有30多天的时间，但同学们都积极参与，体现了较高的热情和高度的自主。

（湖北省鄂南高级中学　樊会武　邮编：437100）

【操作提示】

1. 注意和家长沟通，尽量取得家长的支持，这样的主题班会活动才有看头，才有想头。

2. 表演的小品一定要事先排练，不能临时凑合，不然有损于班会的整体气氛。

五、咨询答疑性主题班会

备 战 高 考

【推荐理由】

1. 考前适当的心理辅导绝对是必要的，因此，从主题选择来说，这个主题班会是高三班主任无论如何也回避不了的。

2. 翔实的资料、生动的案例、务实的做法，使得本主题班会具有很强的可借鉴性。

【适用时间】高三第二学期

【班会背景】

高考即将来临，十年磨一剑，学生心中有点紧张和兴奋是很正常的。问题是有不少学生在高考来临之际过于紧张，把考试看得过于重要，因此而损害了身体和精神。根据我掌握的情况来看，在高三学生中间，精神上患有不同程度疾病的学生不仅是几例。我们的教育首先是人的教育，其次才是知识和职业技能的教育，如果学校培养了一大批精神上有问题的高才生，那就是教育的失败。因此，我设计组织了这次主题班会。

【班会目的】

1. 缓解学生的思想压力，避免他们在精神上出现问题。

2. 协调考生和父母的关系，减轻学生的思想负担。

3. 倡导一种积极的人生观，引导学生正确认识个人得失，培养学生处事不惊的大将风度。

【重点难点】

1. 学生应考的心态调整是这次活动的重点，也是最大的难点。

2. 将知识性学习变成实际操作性学习，避免心理答疑式辅导变成知识传授，而忘记了实践操作。

【课前准备】

1. 邀请部分往届高考状元回来谈经验。

2. 联系好部分家长参加，最好是家长都来参加活动。

3. 把班主任掌握的资料发给学生，在高考之前不要花费学生更多的时间去找资料。

4. 邀请部分家长担任"教育专家"回答问题。

【设计思路】

1. 专家发言：决胜高考需要闯过八关。

2. 小故事《一分钟能够做多少事情》。

3. 上届高考状元谈经验：高考前要及时调整好生物钟。

4. 上届理科尖子谈秘诀：做好有个人特点的"考前必读"。

5. 上届单科状元发言：高考作文备考走出四大误区。

6. 专家发言：家长如何帮助考生减轻压力？

7. 专家发言：如何做好自我心理调节？

8. 专家发言：如何控制临场怯场？

9. 心理专家分析：如何减轻压力？

10. 考生典型心理释疑。

【班会实录】

男主持人：十年磨一剑，就要高考了，我们在紧张中又有一丝甜蜜和渴望！

女主持人：此时此刻，我们的心里充满了激情和豪迈，辉煌的明天即将到来！

主持人合：现在，我们的主题班会"备战高考"正式开始！

女主持人：高考可以实现我们的梦想，那么，哪些同学可以成功地到达胜利的彼岸呢？下面，请听专家讲《决胜高考需要闯过八关》。我们来看看需要闯过哪八关？

一、专家发言：决胜高考需要闯过八关

高考不仅是知识和能力的较量，更是对心理和身体等综合实力的检验。要想决胜高考，必须闯过以下"八关"：

1. 信心关：信心是成功的前提。只有在心灵的考场上战胜自己，才能在社会的考场上战胜别人。

2. 计划关：只有在有限而宝贵的时间里，制订合理而有效的复习计划，才能在高考的征途上步步为营，层层推进。

3. 毅力关：如果说制订复习计划是高考成功的关键，那么持之以恒、不折不扣地执行计划则是高考取胜的保证。

4. 挫折关：进入高三，各种考试、测验不断，成绩有波动，纯属正常。在认真总结反思的同时，更重要的是要经得住打击。

5. 整体关：请记住："3-X＝0"。不要轻易放弃你不喜欢的学科，实际上这样的学科只要你投入一部分精力，进步会特别明显。不要对你喜欢的学科过分偏爱，因为一门学科的高分并不能够挽救整个高考的失败。因此，"整体发展，总分取胜"的思想要牢记在心。

6. 情绪关：要学会从容应对各种情况，冷静处理生活琐事，及时调节自己的情绪。如果你每天都能微笑着面对学习、感受生活、挑战高考，你或许会发现生活原本丰富多彩。

7. 交友关：每个人都有同别人交流的需要，尤其在自己遭受挫折或心情不好的时候。进入高三，平时与其他同学特别是异性同学谈谈心、聊聊天是很正常的，但一定要注意"度"，千万别走向良好愿望的反面。请不要拿你宝贵的青春来赌未知的明天。

8. 身体关：如果说因为知识和能力的欠缺而导致高考失利情有可原，那么因为身体的因素而使高考失败则无法原谅。在紧张繁忙的复习迎考阶段，一定要劳逸结合，有张有弛，必要的体育锻炼不可缺少。健康的身体、充沛的精力是高考

取胜的物质基础。

女主持人：仔细想一想，这不是八关，而是对我们高三考生的八个要求。我相信，只要我们做到了这八个方面，我们就能够在高考中获胜。同学们，让我们用热烈的掌声感谢专家的提醒！谢谢！（带头鼓掌）

男主持人：有的同学说，离高考还有一段时间，有必要这么认真吗？今天我就耍一下吧，反正就浪费那么几分钟，更何况高考也不差这几分钟嘛！是啊，听起来是有点道理。我们反对过分地紧张，但是浪费那么几分钟的想法是对自己的放纵。

女主持人：仔细想一想，生活中没有多少时间可以供我们浪费了。哪怕一分钟，也能够做很多事情。下面，请听小故事《一分钟能够做多少事情》。

二、小故事《一分钟能够做多少事情》

一分钟能够做多少事情

著名教育家班杰明曾经接到一个青年的求助电话，并与那个向往成功的青年约好了见面的时间和地点。

待那个青年如约而至时，班杰明的房门敞开着，眼前的景象令他颇感意外——班杰明的房间里乱七八糟，狼藉一片。

没等青年开口，班杰明就招呼道："你看我这房间太不整洁了，请你在门外等候一分钟，我收拾一下，你再进来吧。"说完班杰明就轻轻地关上了房门。

不到一分钟的时间，班杰明又打开了房门，并热情地把青年让进客厅。这时，青年的眼前展现出另一番景象——房间内的一切已变得井然有序，而且有两杯刚刚倒好的红酒溢着微波。

可是，没等青年把满腹的有关人生和事业的疑难问题向班杰明讲出来，班杰明就非常客气地说道："干杯。你可以走了。"

青年手持酒杯一下子愣住了，既尴尬又非常遗憾地说："可是，我……我还没向您请教呢……"

"这些……难道还不够吗？"班杰明微笑着扫视着自己的房间，轻言细语地说，"你进来又有一分钟了。"

"一分钟……一分钟……"青年若有所思地说，"我懂了，您让我明白了一分钟的时间可以做许多事情，可以改变许多事情。"

班杰明会心地笑了。青年把杯里的红酒一饮而尽，向班杰明道谢后，开心地走了。

把握好生命的每一分钟，也就把握住了理想的人生。

男主持人：什么时候学习最好？怎样学习最好？越到高考临近，有些同学就越紧张，结果原来的生物钟全部被打乱，不知道该怎么办了。

女主持人：其实，只要我们以平常心来看，就没有什么大不了的，原来该怎么做就继续怎么做，把高考看得那么神秘干什么呢？生命最重要，因为高考而影响了自己的作息规律，是最不划算的事情了。

男主持人：高考之前究竟该怎样调整好生物钟呢？请同学们听一听我们学校上届高考状元刘亚红同学给我们讲《高考前要及时调整好生物钟》。刘亚红同学以668分夺得了我们县去年的高考总分第一名。现在，让我们以热烈的掌声欢迎刘亚红回母校传经送宝！

女主持人：大家掌声欢迎！

三、上届高考状元谈经验：高考前要及时调整好生物钟

现在高考期间的温度和气候比较适合考试。在最后冲刺和休整的两个星期，考生应如何计划呢？

做近三年的高考试卷。

在完成复习任务后，我建议首先要注意对身体健康的保护，我从来不赞成熬夜。其次，最后的关键时刻，要做近两三年来的高考试卷。也许有的同学以前就做过这些试卷，但是在你全面地复习掌握了高中课程之后，再去分析，收获也许和原来完全不同。在分析这些试卷时，要知道出题的原则、总体思路、标准答案，以及老师在阅卷过程中对哪些问题是可以放宽的。试卷中有些难题其实不是高考的要求，这样的题目即使你答不出，也问题不大。

对于需要记忆的知识，要重点去背一直记不住的问题，背得熟练的内容没有必要反复复习。

制定科学的作息时间表。

对大多数学生来说，上午的学习效果相对比较好，所以早上的光阴是不能错过的。

早上6点左右起床，认真学习4个小时，不要超过这个时间。中间每两个小时左右要休息15~30分钟。最好听听音乐、散散步。但千万不要做剧烈运动，因为剧烈运动后要很长时间才能恢复到学习状态。

下午要小睡一会儿，时间以半个小时左右为宜，不要超过1个小时。

下午学习的时间不要过长，以2~3个小时为宜。吃晚饭前的这段时间，是最适合休息的时间，因为此时注意力不容易集中。可以散步，但千万不能从事紧张的脑力劳动，打斗游戏或刺激的电视片都不要涉及，幽默片、相声小品等则很适合在这个时间看看或听听。

晚饭后放松0.5~1个小时，可以和父母聊聊天或帮忙做点简单的家务。关于学习的事情，什么都不要想。父母也要尽量避免在这个时间和孩子交流考试的问题。

晚上学习3个小时左右，其间注意力要集中，要保证学习质量。晚上学习效果特别好的学生，最晚不要超过11点睡觉。

女主持人：成功的经验是可贵的，它可以节省我们总结经验的时间和减少获得经验的代价。让我们以热烈的掌声向状元表示衷心的感谢！

男主持人：古人有句话说得好，"工欲善其事，必先利其器"。掌握科学的方法，有助于你事半功倍地学习。真正的高考成功者，不是死读书的人，也不是纯粹用时间堆出来的书呆子。他们有的是符合个人特点的好的学习方法。

女主持人：也有句话说，"成功不是可以模仿的"。每个成功的人，都有适合自己的成功道路。下面我们再请上届理科班的尖子考生给我们传授高分秘诀！大家掌声表示欢迎！

四、上届理科尖子谈秘诀：做好有个人特点的"考前必读"

高考之前一两周再把你所有的课本看一遍是必要的，但也是不可能的，那么，该怎么办呢？你应该在高考前的几个月内，准备好一本你自己的"学科必读"。学科的"考前必读"是你对自己前一阶段复习的一个小结，是对关键信息的"压缩"和整理，是你大考前最后要看的东西。这个"必读"应该有你个人的特点，是针对你自己的。学科"考前必读"应包括以下内容：

知识篇。仔细阅读《考试说明》，根据了解、掌握、应用的不同要求，在自己的头脑中再现那些知识点，想不起来的地方、经常出错的地方要重点记录整理。

方法篇。认真整理已经考过并且讲评过的综合试卷，不少于10套。认真研究这些试卷，可以发现自己在方法上的漏洞，对这种漏洞应该特别注意：如配方法、待定系数法、分类讨论、闭区间上的初等函数的极限的求法、三角函数中的变形目标、排列组合的几类典型问题的求法、二面角的平面角的确定和计算方法，等等。方法的小结不要求面面俱到，只是针对自己比较生疏或出错较多的地方多积累一些。

错漏篇。对已经做过的试卷认真改错，把错误进行分类，如果是计算错误，把它标记出来，认真算对就可以了；如果是概念错误，就要把它记录下来，最好把原始的正确概念重新表述出来。

开窍篇。高三复习与过去高一、高二不一样的地方是要求更加注意知识之间的联系，能以更大的跨度去认识、体会、理解、使用所学的知识。每做一批题，应给自己提出一些问题，想一想相近题目的共性和近似题目的个性，常常可以有开窍的感觉。及时将这些感悟写下来，对以后的复习大有好处。

混合篇。学习也是一个不断暴露新问题的过程，如果在讲评试卷后还有不懂的问题，可以记录下来。有时间和机会时，可以和同学、老师交流讨论。如果这类内容特别多，就要针对自己的情况做一个"取舍"，可以参照《考试说明》和几次大的模拟试题，把重要的、出现频率比较高的问题重点做记录并寻求解决办法。

男主持人：感谢前面两位同学给我们做的精彩发言！下面，我们邀请上届我们学校语文单科状元胡红兵同学来给我们讲一讲语文作文该如何备战高考。他在去年的高考中，获得了语文总分142分的好成绩，作文得了满分。下面，我们用热烈的掌声表示欢迎。

五、上届单科状元发言：高考作文备考走出四大误区

对于备考高考作文，有四大误区值得注意：

第一个误区：认为作文用不着复习，或者说，用不着用太多的时间、花太大的力气去复习。也就是对作文备考抱着不以为然的态度。这种态度实际上就是一种不作为，不作为就等于放弃。

第二个误区：就是办事不尊重客观规律。作文有规律，备考高考作文，就得遵循作文的规律，按作文的规律备考。作为学生，在备考中，要真实、真切、真诚、真挚地关注、感受、体察生活，此外还要掌握一定的写作方法，了解写什么、怎么写的一般规律。更主要的是要用自己的话写出自己的真切感受，而不能一味地模仿，人云亦云。

第三个误区："多写笔下生花"。就平时的作文训练而言，这种做法确实有必要，但就备考高考作文而言，则不可取。一味地多写，势必占用复习其他功课的时间，再说，作文需要灵感和感情，需要生活积累，也需要材料。高考作文备考，重要的不在于你写了多少，而在于你是否把握好最佳时间，不失时机地把自己的所见所闻所感所思写出来。这才是提高作文能力的最佳途径。

第四个误区：依赖猜题、押题。出台一份高考试题，不知有多少专家通过多少次论证。所以，要完全猜到、押到，几乎是不可能的，最多就是给你沾点边而已。说到沾点边，只要用心备考，你就是不猜不押，也轻而易举就能办到。我就是这样在去年的高考中获得作文满分的。

女主持人：我们发现，下面有些同学感到紧张了。同学们，你们是不是感受到了高考的压力，是吗？（学生回答："是！"）

男主持人：其实，高考的压力不仅仅来源于考生本人，还来源于我们的家庭。有好多家长，天天给孩子灌输的理念就是，"这一次高考，你得努力啊，你要努力努力再努力"。于是，我们的同学就背上了沉重的思想包袱，高考还没到，自己就先睡不好、吃不好、学不好了。这怎么行呢？

女主持人：所以我说啊，减轻我们同学的压力，爸爸妈妈也有责任。只有轻装上阵，才有可能取得胜利。下面，我们将请专家给我们的爸爸妈妈提一些建议。

六、专家发言：家长如何帮助考生减轻压力

一年一次的高考马上又要来临了，考生的压力很大，考生要适当地采用科学方法来减轻自己的压力。下面就介绍一些减轻压力的办法。

1. 转移减压法。针对学生精神长期高度紧张的状况，家长应帮助考生学会自我调适，及时放松自己，如参加各种体育活动，放学后泡泡热水澡，与家人、朋友聊天，双休日抽出一些时间出游，还可以利用其他方式宣泄、改善自己压抑的情绪，等等。

考生还可以进行左、右脑思维的自主转移，即将文理科交叉起来学习。脑科学的初步研究表明，文科与理科的思维活动是由人的左、右脑分工负责的，文理科交叉学习可以让左、右脑轮流活动，这种转移既可以减轻大脑的疲劳度，也可以提高学习效率。

2. 环境减压法。家长应营造一个良好而宽松的生活与学习氛围，而不能制造考前压抑、紧张的家庭氛围，如不要天天对考生灌输努力学习考大学或名牌大学等概念。家长可以在为孩子迎考服务方面给孩子以物质与心理上的支持，如营造安静的家庭学习和休息氛围，为孩子合理地安排饮食等。家长在考前应积极地与孩子进行亲子沟通，如多与孩子聊天、尊重孩子的意愿、多鼓励孩子而不能以打击或施压等方式鞭策孩子努力学习。家长还应积极地引导孩子进行自我宣泄，如以幽默的方式逗孩子笑，当孩子遇到不快时可让孩子痛快地哭一场。

3. 睡眠减压法。保证考生有足够的质量较好的睡眠是减轻其心理压力、提高其学习效率的好方法。如何改善考生的睡眠呢？首先，家长应为孩子营造一个安静的休息环境；其次，针对考前睡眠时间少、身心过度疲劳的问题，考生应进行

多时段的睡眠。对脑力劳动强度过大的人来说，多时段的休息是缓解过度紧张的有效方法，这已被爱因斯坦等许多科学家的切身经历证明。

失眠的考生一方面应积极调整心态，减轻因失眠而带来的心理压力；另一方面应科学地安排生活，使生活起居有规律，同时在饮食上采取一些措施，如睡前喝半杯浓牛奶等。

4.过渡减压法。通常学校与家庭都让考生在考前进行一周以上时间的休息与调整，以便考生有充沛的精力应试，但大多数考生在考前往往是甩手大休息，有关学习的活动一概不进行，事实上这种休息与调整是不科学的。考生长期处于高度紧张的学习状态，如果突然停下来无事可干，反倒不适应。许多考生停止学习后，往往会产生抑郁不安、失落、心慌等心理感受。所以考生在考前一个月就应该采取过渡调节方式，慢慢减小学习强度和减少学习时间。从应试角度来说，如果考生在考前一周就完全停止学习，也不利于考试。

男主持人：考试焦虑并非都是坏事。有些同学特别担心自己在考试中出现焦虑，甚至稍有紧张就担心得不得了，以为大祸临头，所有的注意力都集中到如何消除紧张上，结果越陷越深，以致无法自拔。

女主持人：其实，任何焦虑都是一把双刃剑，考试焦虑也是如此。考试时焦虑程度太高或太低都不利于考试。因此，我们目前要应付的不是考试焦虑，而是过度的考试焦虑，我们的目的不是完全消除考试焦虑，而是要学习怎么让焦虑适度。

男主持人：下面，我们请心理专家来告诉我们如何做好自我心理调节。

七、专家发言：如何做好自我心理调节

考试要凭实力，还要凭情绪控制。很明显的道理，两个实力相当的同学，一个有适度的考试焦虑，一个有过度的考试焦虑，他们的考试成绩肯定会不一样。那么，我们该如何调整好自己的心理呢？

下面我介绍一种调适考试焦虑的方法。请大家按照以下步骤依次进行：

1.学会辨别焦虑线索，并为之贴上"标签"。参考句式："这没有什么，我只

是出现了考试焦虑。"

2. 实施放松深呼吸法。做3～5次深呼吸后,对自己说:"放松点儿,我能应付得了。"

3. 对自己实施积极的自我暗示谈话。参考句式有:"一步步来,我能控制这个情境。""我能把会做的题都做出来。""只要我正常发挥水平就没有什么问题了。"

4. 假想考试结束后的自我强化。参考句式是:"刚才我做得不错,我真棒。""我刚才的情绪控制得挺好,我比以前进步了许多。"

男主持人:控制焦虑其实很简单,来,让我们一起做一下:请大家想象一下高考的场景,直到感觉出现紧张为止,然后,请按以下步骤依次进行……

女主持人:学会辨别焦虑线索,并为之贴上"标签"。参考句式:"这没有什么,我只是出现了考试焦虑。"

男主持人:实施放松深呼吸法。做3～5次深呼吸后,对自己说:"放松点儿,我能应付得了。"

女主持人:对自己实施积极的自我暗示谈话。参考句式有:"一步步来,我能控制这个情境。""我能把会做的题都做出来。""只要我正常发挥水平就没有什么问题了。"

男主持人:假想考试结束后的自我强化。参考句式是:"刚才我做得不错,我真棒。""我刚才的情绪控制得挺好,我比以前进步了许多。"

女主持人:同学们,大家感觉好些了吗?呵呵,我这是现炒现卖,献丑了!

男主持人:在日常生活中,我们常常会遇到这种情况:虽然经过日复一日的练习,但是在紧要关头突然口吃、语塞,大脑一片空白,平时训练中学到的东西在瞬间化为乌有……

女主持人:过去,专家们一直指责这是焦虑不安之过,他们认为正是紧张的心情才导致了关键时刻大脑一片空白。但是,美国的两位心理学家近日提出了另外一种理论:这都是注意力过于集中惹的祸。

男主持人:那么,我们怎样才能够避免临场怯场的现象发生呢?最好的方法就是不去想它。下面,请这方面的专家来给我们讲一讲如何控制临场怯场。

八、专家发言：如何控制临场怯场

美国的一些神经专家的最新研究认为，当精神过分集中时，注意力就会以夸张的方式聚焦在需完成的单个行动上，因此丧失了经过练习所获得的无意识行为。

实际上，为了记忆一首诗或者一系列动作——比如一名运动员或者一位音乐家的动作，或者是在银行自动提款机上输入密码的操作步骤——在我们的大脑中相关区域的神经元之间会产生新的连接。练习的次数越多，这些连接就会越加强，因为大脑明白，即使在将来，它也可能需要完成这些动作。这样，就建立了一个优先通道，根据身体或者大脑的刺激采取行动。这个优先通道的效果就是，反复练习同一动作，经验积累到一定的程度，就会进入自由王国，当再次需要调用这个动作时，无意识行为就会自发启动，这样就可以使能力的发挥不需要太多的精神集中和"太多的记忆"。

这种"自动"的任务是以简单而自发的方式完成的。但是当我们把注意力过度集中在这方面时，因为我们必须面对一次考试或者一次重要的会谈，从这种意义上说，我们破坏了这种自然的行云流水般的进程。因此，心理学家建议，为了更有效地增加成功的可能性，我们应该更加心平气和。

如在考试时，回想不起一个外语单词的正确拼法，你就要毫不犹豫地先把脑海中想到的写下来，不要考虑太多，实际上，多数情况下，你不会拼错。

男主持人：压力说来就来，完全没有压力，那是骗自己的。问题是我们不能被压力吓倒。

女主持人：我们都不会被压力吓倒，问题是我们的爸爸妈妈，对待高考比我们还急。甚至有些家长因为着急而和孩子发生了矛盾，这该怎么办呢？

男主持人：怎么办？进心理医院求助啊！下面，有请心理专家给我们的家长号脉！

九、心理专家分析：如何减轻压力

专家：由于家长对高考的过分关注，许多考生都或多或少地感受到来自家庭的压力。以下是备考学生的家长常见的焦虑表现和心理专家的逐个分析。

1. 不良情绪影响孩子。

心理案例：

——家长刘女士诉说：这段时间我没有过上一天轻松的日子，整天围着儿子转。但近来发现自己是费力不讨好，儿子总嫌我唠叨，越来越烦我，弄得我是六神无主。

心理医师忠告如下。

（1）避免对孩子"过度保护"。在家里说话不敢大声，走路关门小心翼翼，考前让孩子猛吃营养品……都是家长过度保护的体现。这种家庭紧张的气氛往往不利于考生调节心态。

（2）父母首先要保持平常心。父母最好能"内紧外松"，不要让自己的紧张情绪过分外露，更要避免自己的这种心态与情绪变化影响孩子。

（3）避免因某些家庭琐事而干扰孩子。家庭中最近发生的一些刺激事件最好不要当着孩子的面讨论。

2. 高指标造成高压力。

心理案例：

——心理医师：在临床上，我们常常碰到这样的父母，他们不断给孩子下达一些硬指标，如"下次考试要争取比这次增加多少分""高考至少要考多少分""要考上重点大学"，等等。结果给孩子造成很大的精神压力。

心理医师忠告如下。

（1）不要设定高指标和过分关注分数。特别是模拟考试分数低时，不能用责备的口吻，而应帮助孩子分析失败原因、吸取教训。

（2）注意给孩子减压，不要与他人攀比。告诉孩子：只要自己尽力就行，不要在乎最后的考分；不要把高考当成唯一的机会，考不好也不要紧，以后还有很多学习的机会。

（3）原则性问题不能放任不管。不给孩子施压不等于放任不管。有些事情必须提醒孩子注意，如不要有作弊的想法和做法等。

3. 不要只顾挑刺而忽略栽花。

心理案例：

——家长林女士：现在的孩子也不知道怎么了，父母起早贪黑地为他安排衣食住行，他很少能体会；但是如果你说了他一句什么，他就很反感。我作为母亲，当然应该多指出孩子的错误，看不惯的地方就得说，但他总是听不进我的话。

心理医师忠告如下。

（1）孩子并不缺少批评，他们需要的是充分的理解和尊重。在充满批评声的环境中长大的孩子，难以建立自信机制。

（2）采取委婉科学的方式教育孩子。建议父母不要采取过分直截了当的批评和指责的方式，尤其在高考期间更是要慎之又慎。应学会欣赏孩子，孩子的努力一旦得到父母的肯定，就会激发出他们更多的学习和创造热情。

男主持人：临考前最后阶段的复习，从某种意义上说是一种心理的较量——谁能保持良好的应考心态，谁就有更高的成功概率。

女主持人：可是，同学们心里有很多的疑虑，找不到答案，怎么办？

男主持人：没有关系，下面，我们将进入专家现场释疑阶段，请同学们积极提问，专家将告诉你如何释放心理压力，获得最高的学习效率。

十、考生典型心理释疑

学生1：我一向很用功，成绩也不错，但一到考试就紧张，成绩大不如平时，怎么办？

专家：如果你怯场的原因不是学习上的问题，它可能源于你内心的不自信，或是总摆脱不了某一次"考糟"时的情景而怀疑自己的能力；过度恐慌、自卑、焦虑会干扰你的注意力和正常水平的发挥。所以，当你面对难题时，要想到自己是久经考场的老将，与平时没什么两样。再想想自己的优势，你就会发现，积极心态能使你充满激情地去应付各种问题。所以要把自己的信心鼓得足足的。

学生2：眼看临考的日子越来越近，自己反倒越来越没了紧迫感，真急人！

专家：这种现象大多源于考生超时阅读、运算达到一定极限而产生的厌倦或厌恶情绪，称为"心理饱和"。解决的办法有：①做一次加速复习实验，规定自己在45分钟内高质量地完成1小时的复习内容，来增强自己的紧迫感和注意力。②休息片刻，稍做调整，甩甩手脚、呼吸新鲜空气。

学生3：我曾下决心临考时不看电视，但总挡不住电视里精彩的球赛、电视剧的诱惑，怎么办？

专家：在抵挡不住诱惑时，想想你离升学目标还有多远。一发现距离，就能萌生危机感，逼得你隔绝一切诱惑，全神贯注于思考、阅读和答题。要是感到自己实在"坐不住"，可大声地说几遍"现在我要下决心干手上的事""我要用全部精力干这件事""什么事情也挡不住我""我一定要取得成功"。别忘了常常告诉自己：要让梦想成真，谁都不可能不付出"成本"和某些"牺牲"。

（其他问题略）

男主持人：谢谢专家的精彩解答，现在有请我们的班主任给大家致辞。

（班主任致辞）

我知道你们这次模拟考试不理想，高考又马上要来了，心里有些紧张，也知道你们希望我说点什么。但是，我说不出任何安慰与祝福的话，我唯一想说的是——我不祝福你们一帆风顺。因为我知道，此刻安慰你们，祝你们一帆风顺，那是对你们的轻视。

风平浪静的人生并不是不值得追求，但缺乏冒险和变化的旅行绝对是乏味的。人生的精彩在哪里？就在于你永远不知道下一步会发生什么。如果一切都按部就班地发生，那就绝对没有浪漫、没有想象、没有惊喜。你们是创造奇迹的人，正因为如此，我不祝福你们一帆风顺。

尼采说："如果你低估一个水手的能力，那么，祝他一帆风顺吧！"我深信你们有创造奇迹的能力，眼前的小挫折，正是激发你们斗志和豪情的好机会。我知道你们有永不认输的毅力和勇气，美丽的青春存在一万种成功的可能，你们会以一种挑战的姿态面对今天的不如意。因为我相信你们能行，所以我不祝福你们一帆风顺。

我要怎么祝福你们呢？我要祝福你们在遇上不可避免的挫折时，能够以足够的勇敢、坚定和智慧去面对、去思考、去化解、去克服。祝福你们在每一个黑暗的日子里都能够看到光明；祝福你们无论遭遇什么情况，都不改你们足音的坚定；祝福你们自信，祝福你们乐观，祝福你们通过努力会看到彩虹满天的雨过天晴！

如果是翱翔蓝天的雄鹰，又怎么会害怕眼前的一点点暴风雨？如果是远航的水手，又岂会担心海底的洪流？你们正年轻，那些什么一帆风顺、平步青云、风平浪静的话，对你们简直就是侮辱。谁愿意守着平淡无奇的日子生活呢？年轻，就来点刺激、来点惊喜、来点富有变化的美丽吧！此刻遭遇一点点挫折算得了什么？它将使你们的成功更具传奇色彩、更有魅力，它将使你们的人生更加丰盈！

那么，让我们抬起头，看着蓝天笑吧！当我们从困境中流汗甚至流泪走出来，才能深刻地感受到："艰难是一种无法设计的幸运，正是经历它们才使得我们今天如此豪迈、如此丰富、如此神奇！"

（班会结束）

【班会总结】

这是唯一一次没有文娱活动参与进去的主题班会，也是开得很实际、气氛很热烈的一次主题班会。这次班会，很有针对性，对家长和学生产生了深远的影响。会后一些学生和我谈话，告诉我家长改变了一些过分的做法，他们的思想负担减轻了，学习更能集中精力了。我很高兴，虽然我不奢望一次班会能从根本上解决很多问题，但是它能够给学生带来实际影响，就很不错了。事后我仔细反思了这次班会，认为成功的原因有三：一是内容精练，每个同学的发言事先都做了审核，篇幅短；二是主题突出，没有闲散活动；三是对象明确，直接针对家长和学生。

我的体会是：开好一次主题班会，必须要做好准备工作，想得再完善都不为过。

（湖南省邵东县两市镇一中　郑学志　邮编：422800）

操作提示

1. 这次主题班会内容比较多，很多内容都具有很强的操作性，因此，建议开班会前用两种方式准备资料：一是把重要内容印刷出来，发给学生在班会课上阅读；二是用课件把主要内容展示出来。这样效果会好一些。

2. 尽量动员家长参加，在教育学生的同时，也是在教育家长，这样的教育效果会更好。

六、专题教育式主题班会

自主择业，笑迎明天

【推荐理由】

1. 天下没有不散的筵席，也没有永远长不大的孩子，再乖巧的学生都有离开学校的一天。在高三的最后一个学期，毕业之前对学生进行职业教育，有助于学生正确地面对人生。

2. 这个案例很有操作性，值得学习。

【适用时间】高三第二学期

【班会背景】

尽管现在高考升学率已经很高，但是，相当一部分高三毕业生由于成绩和经济等各方面的原因，不得不离开学校，走入社会。同时，那些将继续在大学校园里学习的毕业生也常常在高考之后，主动到社会上找一份工作来做。即使是再内向的学生，在面临新的生活时，也都跃跃欲试，愿意到社会上去历练一下。

那么，毕业之后，如何选择自己的职业，就是他们所面临的问题，教师有必要在他们离开学校之前引导他们做好必要的知识准备和思想准备。

【班会目的】

1. 培养学生树立正确的职业道德观念，培养敬业精神。

2. 学会考虑复杂多变的问题，练习应对复杂局面的办法和技巧。

3. 增强适应社会的各种能力，锻炼良好的职业心态。

【重点难点】

1. 对敬业精神的学习和传递、对良好职业道德思想的培养，是这次主题班会的重点。

2. 最难突破的就是如何避免说教，让学生从心底里接受职业道德和能力教育。

【课前准备】

1. 让学生在课前收集与职业有关的资料，初步了解与职业有关的一些内容，如职业的定义、职业的分类、职业的分布等。

2. 发动学生在课前讨论自己对理想职业的看法、自己未来会选择什么样的职业等。

3. 每个学生写一篇关于自己未来理想职业选择的文章，并说出自己对这个职业的理解、看法。

4. 以知识抢答赛的形式，以组为单位，组织学生答题，邀请课任教师担任评委。

【设计思路】

1. 职业知识热身赛。

2. 创业人物访谈录《30岁后一切从零开始》。

3. 心理小测试。

4. 相声表演《中国大筵席》。

5. 配乐散文朗诵《面对挫折》。

6. 小品表演《毕业礼物》。

7. 职业道德教育：学习12种动物的精神。

【班会实录】

男主持人：被窝再温暖，也有要起床的时候。

女主持人：港湾再舒适，也有要出航的时候。

男主持人：雄鹰，总要飞出低矮的树林。

女主持人：奔浪，总要冲出狭窄的小溪。

主持人合：总有一天，我们将走出父母的怀抱，走向独立的明天！我们将用我们的执着和热情，拥抱我们的明天；我们将用我们的青春和才华，创造我们的明天。现在，我们的主题班会"自主择业，笑迎明天"正式开始！

女主持人：首先让我们来一个"职业知识热身赛"，大家就未来我们可能从事的事业谈谈自己的看法。

一、职业知识热身赛

男主持人：我宣布一下竞赛规则：①以小组为单位评分，每组选一名代表负责答题，分必答题和抢答题。②必答题分为组员自由回答和抽签回答两种形式。③抢答题由各组同学自由抢答，主持人说"开始"后方可抢答，如有违规则倒扣10分，回答错误倒扣10分。④每题10分，依据最后得分评出最佳小组。评委由我们今天在座的各位老师担任。

女主持人：现在，比赛开始。首先请答第一组必答题。必答题每组均答。

A. 有人说："管他什么职业不职业的，只要有钱赚，就是好职业。"你对这一观点是怎么看的？

B. 假如你是一名清洁工人，当你扫地的时候，别人捂着鼻子走开，并且还说"真脏"，在这种情况下，你还会热爱自己的工作吗？

C. 假如你是一名医生，每月的工资只有五六百元，而门口那个卖茶叶蛋的老太太一个月少说也能赚800元，这时你的心情会怎样？说说你的看法。

D. 假如你是学计算机专业的，这时有两种职业供你选择：一是高薪的总经理助理；二是待遇一般的科研人员，但是从事国家重点项目的攻关工作。你会选择哪一种工作呢？

参考分析：在职业的选择中，我们一定要克服一些不正确的看法，即一切向"钱"看。其实工作并没有高低贵贱之分，在我们这个社会里，不同的人从事不同的工作，只是分工的不同，只要能实现自己的理想，能够在工作中感受到快乐和幸福，能为社会做出一定的贡献就可以了。正是由于不同的人的不同职业选择，才有了我们今天的社会。

女主持人：答题完毕，请评委亮分！

男主持人：现在请各组回答第二组必答题：

A. 假如你是一名售货员，你打算怎样做好自己的本职工作？

B. 假如你是一名警察，你打算怎样做好自己的本职工作？

C. 假如你是一名护士，你打算怎样做好自己的本职工作？

D. 假如你是一名教师，你打算怎样做好自己的本职工作？

参考分析：我们不管做什么工作，都应当干一行爱一行，兢兢业业，无私奉献，尽自己最大的能力把工作做好。热爱工作是最基本的职业道德要求，也是最起码的职业要求。

男主持人：答题完毕，请评委亮分。

女主持人：下面请回答第三组必答题：

A. 假如你是一名消防队员，看见起火了，你首先想到的是什么？

B. 假如你是一名警察，看见有人在偷东西，你首先想到的是什么？

C. 假如你是一名记者，去采访一名囚犯，你的第一句话是什么？

D. 假如你是一名足球前锋，当对方的守门员脱手的时候，你首先想到的是什么？

参考分析：我们做什么事情，都应该有一定的职业意识，这种职业意识，是我们在长期从事某种职业的过程中形成的条件反射，可以有效地提高我们的工作效率。此题目只要回答到必要的职业意识范围就可以了。

女主持人：答题完毕，请评委亮分。

男主持人：现在进行抢答题比赛，请大家注意比赛规则，我再声明一次，必须在主持人说"开始"后才能抢答。

A. 近视患者不宜从事哪些职业？（举例即可）开始——

B. 发音不准确者不宜从事哪些职业？ 开始——

C. 手指不灵活者不宜从事哪些职业？开始——

D. 身高不足1.50米者不宜从事哪些职业？开始——

参考分析：在选择职业的时候，一定要考虑到自己适合从事哪些职业，不适合从事哪些职业，这样才能发挥自己的能力，做出更大的贡献。

女主持人：我们继续进行抢答题比赛。下面请听题。

A. 你在一家国有企业工作，因一件小事得罪了上司，你的上司要炒你的鱿鱼，这时你该怎么办呢？开始——

B. 一家工厂以避免偷窃为名，对出入工厂的工人强行搜身，你觉得这种做法对吗，为什么？开始——

参考分析：现在是法治社会，在工作中我们要懂得利用法律来保护自己的合法权益。

男主持人：现在是学生自由抢答题，请大家注意了。

A. 有的同学认为，我以后准备从事美术工作，那么只要把美术学好就行了，其他的学科无关紧要。你怎样看呢？开始——

B. 歌唱家李双江在入学的时候收到两张录取通知书，一张是音乐学院的，一张是医学院的，他根据自己的特长选择了音乐学院，最后成了著名的歌唱家。这个故事给你什么启发呢？开始——

C. 劳动模范李素丽是一名售票员，曾经有人为她在政府部门找了一份轻松的工作，但被她婉言谢绝了。如果是你，你会去政府部门工作吗？为什么？开始——

D. 爱迪生曾经当过报童，高尔基甚至没有进过学校，但他们都取得了不平凡的成就。如果一开始你就对自己的工作不满意，你还会像他们一样去奋斗吗？为什么？开始——

参考答案自由，由评委自主评分。

男主持人：现在，我们来看一下各组的得分。让我们用热烈的掌声向优胜组表示祝贺!

女主持人:刚才的气氛太紧张了,现在我们来点轻松的。下面,请欣赏创业人物访谈录《30岁后一切从零开始》。

二、创业人物访谈录《30岁后一切从零开始》

30岁后一切从零开始

创业体会:"每天早上我出来的时候会先跑到庄稼地里,在太阳下站15分钟,我想至少让太阳照着,我感到自己是健康的。我每天都用这样的精神胜利法来鼓舞自己。"

背景:海天,35岁,曾是中央电视台《东方时空》编导。2000年年底,他离开中央电视台自己创办了一家文化传播公司,现在公司有20名员工,这在电视制作公司中应该算是有一定的规模了。虽然还有债在身,但公司从2002年六七月份开始有进账,并且慢慢持平。

问:从零开始创业,你觉得有可能吗?

答:任何事情都有可能。我的事业是在30岁后从零开始的,创业这三年我经历了这辈子可能经历的所有境遇……

问:听说你曾是中央电视台的编导,有稳定的工作不要,你为什么离开电视台呢?

答:我当时离开电视台的原因很多,主要是觉得自己在台里的发展空间受到了极大的限制,像我在中央电视台已经工作了七八年的时间,个人能力已经达到一定的程度,但是没有新栏目出来,就不可能上升到更高的制片人的职位上去;而再往下干,当体力、能力都往下走的时候,就没有竞争力了。

问:刚刚出来的时候,你适应吗?

答:刚出来的时候,我不懂管理、不懂市场、不懂运作,只会做节目。而那时候在电视台做的节目都是电视台或政府需要的,等我真正面对市场的时候,又是另一种要求了。我用了相当长的时间来适应这种变化。生活总有许多你预想不到的事情,我相信广大高中生朋友离开学校的时候,会感觉和我当时很相近。

问：刚刚开始创业，你遇到了什么麻烦没有？

答：有，钱啊！每到月底，是我最头疼的时候。这时候房租、水电、机器设备的租赁费、各种花销，还有人员工资都该付了，像我们这样的公司，一个月没有10万元打不住。常常10万块钱一到账，第二天就不见了。开完支票，每人一领，账面又恢复到零的状态。我连钱都没见着，一切又重新开始。而且我们在电视台大手大脚地花钱习惯了，刚开始，那个惯性还在，花钱没感觉。等到4个月后，我发现10万块钱花没了的时候，才开始意识到这个状况。

问：你第一年就赚了吗？

答：第一年赔了几十万，灰头土脸的——债主追上门，官司打到法院，公司的人一夜之间都不见了，就剩一个照顾我们生活的小阿姨。前一天大家还有说有笑的，第二天人全没了，那情景简直像梦一样。而且祸不单行。那几天，我心神恍惚的，开车还撞到树上……

问：创业辛苦吗？

答：那时候，我几乎没有一个节假日，半夜两点回家是正常的。早上睡到七八点或八九点，爬起来又去上班。有一段时间，我咳嗽不止，几个月都没好，咳到说不出话，一天半夜咳出一口热乎乎的东西，后来一看，是血。人家说的那句话我特别相信：现在我是拿命换钱，将来我是拿钱换命。

问：那么，你的事业是什么时候有起色的？

答：我们真正开始有起色，是从做广播节目开始的。因为在当时这是个市场的空当。先做了一个广播的节目——《男士时间》。一期30分钟的节目，我们卖50块钱。我给各个电台打电话，人家一听卖节目，都不往下听，就把电话撂了。电台凭什么信任你，把一年或半年的钱汇给你——万一节目做了一半，人跑了做不下去怎么办？后来是电台一个月一个月地寄钱给我们，我们一月一寄广播节目。等卖了六七家以后，情况开始好转。现在做了两年多，全国播过我们节目的已经有六七十家电台了。我们就成了全国第一家民营卖广播节目的公司。

问：你对你的公司运营情况做过预计吗？

答：我早就设想过。开始一定是很难的。公司刚开始的时候，有个大老板告诉我，你的公司如果能撑过第一年，第二年略有赢利，过了第三年，就可以了。

我现在已经干了两年多了，已经闯过鬼门关，开始赢利了。

问：在创业过程中，你有没有烦恼？如果有，你怎么解决？

答：现在我住在郊区，每天早上我出来的时候会先跑到庄稼地里，让自己在太阳下站15分钟，我想至少让太阳照着，我感到自己是健康的。每天用精神胜利法鼓舞自己。你不可能所有事都跟朋友说，因为朋友也没有那么多闲工夫，谁不忙，谁不烦？——后来我发现每天跟太阳说话挺管用的。特别烦的时候我也会开车到郊区山里头待上一天，一个人静静的，什么都不去想。

问：初次创业，压力很大，你采用什么方法减轻压力？

答：我现在回家以后什么事都不去想。我买了一堆京剧带子，只要一上车，我就唱京剧，绝对不让我的精力再放在工作上，绝对一点儿都不想。这也是缓解压力的好办法。还有就是看书、写日记。

问：请问你创业以来最大的体会是什么？或者说，你对生活有什么感想？

答：我发现，生活和做电视片子一样，它其实是一个不断寻找方法，再去解决问题的过程。坚定的信念是支撑自己的最重要的力量，没有了信念是非常可怕的。

男主持人：敢于走出去，才有新的发展，才有新的天地。我们很多同学现在有一点点的彷徨，有一点点的不安，因为，我们对未来还没有把握。

女主持人：那么，现在我们来做一个心理小测试，帮助我们寻找适合自己性格特征的就业途径。现在请大家把笔和纸拿出来，按照我们要求的方法答题。

三、心理小测试

判断一个人性格的方法很多，现在比较流行、科学、操作较方便的是性格自我测试。

在1—50题每个题后的括号里，凡是符合你个人实际情况的就写A，不符合的就写B，不能够确定的就写C。

1. 遇到高兴的事，我很爱笑。（   ）
2. 进入一个新环境，我能马上适应。（   ）

3. 我喜欢兴奋而紧张地工作。（　）
4. 尽管别人的看法与我不同，但我还是能和他友好相处。（　）
5. 经常与朋友互相借东西。（　）
6. 喜欢别出心裁地做一些别人未做或不愿做的事。（　）
7. 我认为人的幸福感应自然流露出来，不应压抑。（　）
8. 在别人的注意之下我工作起来更努力。（　）
9. 我宁愿把问题挑明，而不愿一个人生闷气。（　）
10. 我不经常去想自己做事情的思想和动机。（　）
11. 我盼望生活有变动，不要一成不变。（　）
12. 与其事先考虑能否成功，倒不如先干着试试。（　）
13. 我马上可以领会新工作的要领。（　）
14. 遇到困难不惊慌，能想办法摆脱困境。（　）
15. "家事，国事，天下事，事事关心。"（　）
16. 对实际生活无用的知识，我不感兴趣。（　）
17. 一旦知道行不通，立刻改变主意。（　）
18. 看到别人干错事，马上提醒他。（　）
19. 认为处世要先发制人。（　）
20. 有许多要做的事，不知从何处下手。（　）
21. 只要有机会讲话，就不会放弃。（　）
22. 喜欢研究别人而不喜欢研究自己。（　）
23. 做事时粗心大意。（　）
24. 不愿别人提示，而愿别出心裁。（　）
25. 不愿回想自己的过去。（　）
26. 认为所有的人都是可信的。（　）
27. 走路、穿衣、说话时，我不喜欢磨磨蹭蹭。（　）
28. 我交的朋友三教九流都有。（　）
29. 我尽量注意不伤害别人的感情。（　）
30. 能做的事情马上做，不前怕狼后怕虎。（　）

31. 别人说三道四，我不往心里去。　　　　　　　　　　（　）

32. 人生应当有些冒险，这是很有意义的。　　　　　　　（　）

33. 不论理由如何，我认为只有傻瓜才自杀。　　　　　　（　）

34. 我喜欢体育活动，也爱看电视中的体育节目。　　　　（　）

35. 我给别人写信不打草稿。　　　　　　　　　　　　　（　）

36. 乐于助人。　　　　　　　　　　　　　　　　　　　（　）

37. 心里有事，就喜欢找人倾诉。　　　　　　　　　　　（　）

38. 过十字路口时，红灯亮却没来车时就穿过去。　　　　（　）

39. 听别人说话，脑子里会不断涌出新主意。　　　　　　（　）

40. 与朋友聊天时，从不在意别人在场。　　　　　　　　（　）

41. 做事情遇到麻烦时常常与别人商量。　　　　　　　　（　）

42. 不管谁和我讲话，我都坦荡自如。　　　　　　　　　（　）

43. 只要是我信服的人，我愿意听从其调遣。　　　　　　（　）

44. 我读书泛泛而读，而不精读。　　　　　　　　　　　（　）

45. 不怕失败，失败了再来。　　　　　　　　　　　　　（　）

46. 很受孩子们欢迎。　　　　　　　　　　　　　　　　（　）

47. 空闲时不知如何打发时间。　　　　　　　　　　　　（　）

48. 有什么想法常愿意告诉别人。　　　　　　　　　　　（　）

49. 对什么问题都喜欢评论。　　　　　　　　　　　　　（　）

50. 听到别人的意见就很快改变自己的看法。　　　　　　（　）

女主持人：题目做完之后，请大家按照我们下面说的方法给自己打分。凡是在括号里写 A 的计 2 分，B 计 0 分，C 计 1 分，最后相加即得出总分。

男主持人：现在我们来计算一下自己的性格得分。总分在 70 分以上的是外向型性格；40 分以上的是平衡型性格（性格的倾向不明显）；40 分以下的可视为非外向型性格，即内向型性格。

女主持人：人的性格与职业的适应性有着密切的联系。一般来讲，自然科学工作者有很多是内向型性格的人，社会活动家往往是外向型性格的人，企业家则往往是平衡型性格的人。如果一个人的性格与所从事的职业很相符，就容易在职业上获得成功；反之，则会使从业者不能发挥自己的专长，导致事业的失败。

男主持人：研究表明，适合外向型性格的人的职业主要有：管理者、律师、监督者、教师、推销员、售货员、新闻记者、警察、政治家、公关人员、社团工作者、广告宣传员、调度员、党团干部、商品批发商、人事工作者、医生、导游、咨询人员、保险推销员、民事纠纷调解员、技术推广人员、心理咨询师、经纪人、代理人等。

适合内向型性格的人的职业主要有：自然科学研究人员、技术人员、艺术家、会计师、速记员、打字员、计算机软件开发人员、税务员、统计员、商店收银员、银行出纳员、办公室办事员、图书管理员、电话接线生、美容师、整容师、发型设计师、铁路职员、秘书、工艺美术师等。

平衡型性格的人的职业适应范围更广一些，适合外向型和内向型性格的职业均适合平衡型性格的人。

女主持人：其实性格并没有好坏之分，不同的性格体现着不同的个性特征。关键是要发挥自己的性格优势，外向型的人的成功之路是选择能充分发挥自己行动能力、积极性的职业；内向型的人则需要选择能充分发挥自己计划性、严密性、逻辑性、规律性等优势的职业。

男主持人：做过心理测试之后，我们再来轻松一下，下面请大家欣赏相声《中国大筵席》。

四、相声表演《中国大筵席》

（具体内容略，网上可查找）

女主持人：我说啊，这相声也太形象了，把那些贪官们说活了。可是啊，我想如果工作都这样来开展，那我们的国家迟早要遭殃。同学们，千万要警惕啊！无论我们从事何种职业，都要对得起自己的良心。

男主持人：你也太紧张了吧？这是相声，相声是一种夸张的艺术，它是把生活中的丑陋的东西集中给我们看。真实的生活，需要我们自己去体会。

女主持人：今后的道路，也许一帆风顺，也许充满阳光，也许坎坷波折，也许充满风浪,那么,今天在这里我们送给你面对挫折的秘诀——快乐向上,积极健康。现在,请欣赏配乐散文朗诵《面对挫折》。

五、配乐散文朗诵《面对挫折》

面 对 挫 折

她,20岁,乍看上去,是一个很普通的女孩,普通得在人海中常被忽视。可是我注意到:她,"两袖清风"。

一个从小就失去双手的女孩,她内心燃烧着更为强烈的对生命的激情。

两年前,18岁的她迈进了大学的校门,她的专业是"艺术与设计"。她用脚画出来的一张张素描、水粉画,让我们这些设计专业的同龄人自叹不如。她甚至可以用脚包揽所有的家务活:烧饭、切菜、炒菜、洗衣服等,她都能用那双脚应付自如。一开始,我也怀疑,这确实太不可思议了。可是她现场示范切土豆,那熟练的刀法,让我无言以对。

她还有一手漂亮的书法,她当场写了四个字"我最幸福"。她有着我们所有人都认为不幸的遭遇,可是,看着她脸上洋溢着的自信,看着她眼睛里流露出来的光芒,是的,"我最幸福"!

看着她奔跑在漫山的野花丛中,用那双短短的手臂夹着一小束黄色的野花,脸上灿烂的笑容仿佛荡漾到了心底。我真的被这场景深深地震撼了。她居然这么乐观,坦然地面对这么残酷的现实。也许她就像那些黄色的野花一样,没有人知道它们是谁,它们在旷野中饱经风雨的洗礼,暴晒于烈日之下,身体与心灵满是创伤。可是,它们依然灿烂地开着。也许正是因为命运对它们不公,它们才要更快乐地享受生活,美丽的花瓣不仅是为别人,更是为自己——绚丽绽放。

就像她说的"我最幸福",是的,她最幸福。命运夺走了她的双手,却夺不走她心中的火焰。在那里,尽情燃烧着她对生命的激情、对生活的憧憬。一个人,只要心是活的,他的生命就是精彩的。然而我们呢?我们中的有些人四肢健全,却无时无刻不在抱怨命运对他们的不公,愤慨那些不幸的事为什么总是缠着自己不放。

不渴求生命没有挫折,只希望能有更多的勇气去面对挫折。

男主持人：我们就要走入社会了，你不给同学们送件礼物吗？

女主持人：我送大家一件宝贵的礼物，那就是诚信。诚信是我们公民道德的基本要求，也是我们创业的基本条件，谁要是抛弃了诚信，谁就要被事业抛弃。下面，请欣赏小品表演《毕业礼物》。

六、小品表演《毕业礼物》

毕 业 礼 物

演员：叔叔，简称S，有绅士风度的富翁。侄儿，简称Z，享乐主义者，建工大学毕业生。小工二人。

（灯亮。S坐在桌前，面向观众，桌上有一部电话，铃声响）

S（接电话）：喂——（停顿）哦，是小刚啊！（停顿）你参加完毕业典礼了！（停顿）好啊，叔叔祝贺你，未来的建筑大师！（停顿）你要来叔叔家？好啊，你马上过来，叔叔等着你！（停顿）好，等会儿见。（起立到台前面向观众说）喜事，喜事！我的侄儿今天大学毕业了，年纪轻轻，有出息啊！将来可以继承我的事业！不过，待会儿等他来，我该送他一件什么样的礼物呢？又要有意义，又要有价值？（突有所得，双手一拍）对，就这么办！

（Z左上，手持一本红色毕业证，兴冲冲地）

Z（面向观众）：十年寒窗，今天终于熬出头了！你们看，（扬扬手中的证书）建工大学毕业证书！（停顿了一下，又降低了声音）不过，真的想想，光有这张文凭又有什么用？大家说说，人活着不就图个吃喝玩乐，逍遥自在嘛！可我缺的就是钱哪！现在我要到我叔叔家去，说起我叔叔呀，他可是一个大老板，钱多得是！我叔叔很喜欢我，说不定还会让我继承他的事业，可我巴不得现在就能从他那里多得到一些钱，那样我就可以尽情地享受人生了！哎，不知道叔叔这回……嗯，还是去了再说。（抬脚走了几步，叔叔家到了。抬手做叩门状，拟声）叔叔，叔叔，我来了！

S（起立，欢喜地）：是小刚吗？快进来吧！

Z（推门进）：叔叔！

S：（伸手指桌前的椅子）来，小刚，快坐下！（Z坐下，S也坐下）小刚，大学毕业了，叔叔衷心祝贺你！

Z：谢谢叔叔！

S：小刚，接下来你是怎么想的？

Z：先歇一歇，然后找个理想的工作。

S（笑着）：小刚，叔叔倒有一个想法，不知你愿不愿意听？也算是给你出一道考试题目，检验一下你的学习成果。

Z：好啊，叔叔，你说吧，什么想法？

S：是这样，叔叔正想造一座别墅，现在你毕业了，叔叔就把这个任务交给你，我给你100万元，你呢，拿出你的全部本领，帮叔叔设计、施工、全权负责，怎么样？

Z（惊讶极了，转过身面向观众张大了嘴，轻声地）：哇，100万元，这下我要发财了！（转身面向S）叔叔，太好了，这件事就交给我吧！你放心，我一定造一座包你满意的房子！

S（高兴地站起）：好孩子，叔叔相信你。你就放开手脚施展才华吧！叔叔绝不插手。（递过一张纸）喏，这是支票，给你吧！

（灯暗，撤下桌子，Z、S下）

（灯亮，舞台布景为一工地的景象）

（Z头戴安全帽，手握图纸上）

Z（得意扬扬地面对观众）：叔叔给我100万元，让我全权负责造房子。哈，这下，我可有钱喽！你们想，我可以拿六七十万元来造房子，其余的钱……（拍拍自己的口袋）嘿，嘿，不就全进我的腰包了？

（小工A匆匆左上）

小工A：老板，钢材快用光了！

Z：你快去买！记住，买最便宜的！

小工A（疑惑地）：最便宜的，质量……？

Z（不耐烦地）：多管闲事！照我说的去做。

小工A：是！（左下）

（小工B匆匆右上）

小工B：老板，水泥用完了！

Z：快去买！记住，买最便宜的！

小工B：是！（右下）

（小工A左上）

小工A：老板，混凝土按什么比例搅拌？

Z：多加点黄沙，怎么省钱怎么拌嘛！

小工A：是！

Z：哎，回来，外面可要给我弄得漂漂亮亮的！

小工A：是！（左下）

（略停顿）

Z（得意）：哈哈，这下就看我的啦！

（灯暗，Z下）

（灯亮，舞台布景为一栋富丽堂皇的别墅）

（Z陪S上）

Z（手指布景，得意地）：叔叔，你看，别墅终于造好了！

S（仔细观赏，赞许地）：嗯，不错，不错，漂亮极了！（拍拍Z的肩膀）小刚，有出息！

Z：叔叔过奖了！

S：小刚啊，叔叔给你的这道题目，你完成得很出色。叔叔一直想送你一件毕业礼物，今天，我终于可以送给你了！

Z（侧身向观众狡黠一笑）：嘿，还有一件礼物，太好了！（转身，很激动地）叔叔，是什么？

S（手指着布景）：小刚，这栋别墅就是叔叔送给你的礼物！

Z（惊愕不已）：啊？什么？！

（灯渐暗，S和Z下）

（剧终）

男主持人：没有诚信的人，最终将被自己所害。剧中的青年因为贪图钱财，抛弃了诚信，结果自食苦果。这个苦果，他又如何说呢？同学们，我们即将走向社会，请记住，无论你从事什么工作，请带着诚信同行。

女主持人：《红灯记》里有这么一句台词——临行喝妈一杯酒。现在，我们也在临行前送同学们一篇文章——《学习12种动物的精神》，助你们闯出自己灿烂的事业晴空！下面请欣赏《学习12种动物的精神》。

七、职业道德教育：学习12种动物的精神

学习12种动物的精神

对待第一份工作的态度，在很大程度上决定着你是否能够顺利完成从一个校园人到社会人的转变。刚入社会的新人应该如何建立工作观？以下是一位从事人力资源工作超过12年的专业人士给出的建议——学习12种动物的精神。

1. 尽职的牧羊犬：新新人类最为人诟病的就是缺乏责任感，作为一个新人，有负责任的观念，会让主管、同事觉得孺子可教。抱着多做一点、多学一点的心态，你很快就会进入状态。

2. 团结合作的蜜蜂：新人进入公司，往往不知如何利用团队的资源完成工作。现在的企业很讲究 Team Work，这不但包括组织团队、寻求资源，也包含主动帮助别人，以团体为荣。

3. 坚忍执着的鲑鱼：新人由于对自己的人生还不确定，常常三心二意，不知自己将来要做什么。设定目标是首先要做的功课，然后就是坚忍执着地前行。途中当然应该停下来检视一下成果，但变来变去的人，多半是一事无成。

4. 目标远大的鸿雁：太多年轻人因为贪图一时的轻松而放弃未来可能创造前景的挑战。要时时鼓励自己将目标放远。

5. 目光锐利的老鹰：新人首先要学会分辨是非，懂得细心观察时势。一味接受指示、不分对错，会事倍功半。

6. 脚踏实地的大象：大象走得很慢，却是一步一个脚印，积累雄厚的实力。新人切忌说得天花乱坠，却无法一一落实。脚踏实地的人会让别人有安全感，也愿意将更多的责任赋予你。

7. 忍辱负重的骆驼：工作压力、人际关系，往往是新人无法承受之重。人生

的路很漫长，学习骆驼负重的精神，才能安全地抵达终点。

8. 严格守时的公鸡：很多人没有时间观念，上班迟到、无法如期完成工作，等等，都是没有时间观念导致的后果。时间就是成本，新人时期养成时间成本的观念，有助于提高工作效率。

9. 感恩图报的山羊：你可以像海绵一样吸取别人的经验，但是职场不是补习班，没有人有义务教导你如何完成工作。学习山羊反哺的精神，有感恩图报的心，工作会更愉快。

10. 勇敢挑战的狮子：勇于承接大案子、新案子，这对于新人是最好的磨炼。若有机会应该勇敢地挑战不可能的任务，借此积累别人得不到的经验，下一个升职的可能就是你。

11. 机智应变的猴子：工作中的有些流程往往是一成不变的，新人的优势在于不了解既有的做法，而能创造出新的点子。一味地接受工作的人，只能学到工作方法的皮毛，能思考应变的人才能学到方法的精髓。

12. 善解人意的海豚：常常问自己，如果我是主管该怎么办？有助于学会处理事情的方法。在工作上善解人意，会减轻主管、共事者的负担，也会让你更具人缘。

主持人合：最后，我想奉劝各位，工作不要太计较薪资，要将眼光放远，抱着学习的心态，才会有更光明的未来。重要的是，当你拥有了正确的工作观，继而在职场中发现别人的优点加以学习，观察别人的缺点以自省，会让你受用无穷。

主题班会结束，谢谢大家！

【班会总结】

虽然在一些成绩较好的班级，大部分学生会选择继续深造，但是许多学生由于家庭、性格和个人选择的问题，选择了中学毕业之后就寻找工作。我原来想，对于这个主题，想考大学的学生积极性不会高，结果却出人意料，全班同学都表现出了极大的热情。原因有二：一是繁重的高考应考复习需要适当的放松和休息，学生们喜欢在平淡生活中添加一些惊喜，而这个主题班会恰好迎合了他们的需求。二是很多成绩好的学生向我汇报说，虽然近几年他们不需要考虑工作的问题，但是这个问题迟早会来，迟了解不如早知道，这也是他们积极参与的一个重要原因。

这个活动的遗憾之处就是信息量太大，一个课时无法组织完成，结果用了两个课时。学校领导认为还可以紧凑些。但是学生高兴，我也就乐在其中了。

（湖南省邵东县两市镇一中　郑学志　邮编：422800）

操作提示

1. 由于信息量大，时间准备要充分，建议参考这个案例举办的班会，时间控制在2课时。

2.《学习12种动物的精神》最好能够打印给大家，然后老师适当地点评、引申。

万千教育 基础教育类书目

书号	书名	著、译者	定价(元)
班主任工作理念与方法系列			
2877	班主任工作的60个"鬼点子"	刘坚新 郑学志 编著	52.00
2879	班主任与家长沟通的艺术——创建优质家校关系的60个策略	郑学志 著	52.00
2204	做一个会"偷懒"的班主任（第二版）	郑学志 著	48.00
1708	怎样教授道德才有效——德育心理学家给教师的建议	杨韶刚 等 译	48.00
1709	学生特殊问题发现与应对——给普通教师的建议	昝飞 等 著	48.00
7316	把班级还给学生——班集体建设与管理的创新艺术	郑立平 著	26.00
7344	遭遇问题学生——问题学生的教育与转化技巧	万玮 编著	25.00
7317	魅力班会是怎样炼成的	杨兵 著	25.00
8631	家校沟通，没有痛过你不会懂——知名班主任梅洪建的心路历程	梅洪建 著	32.00
0539	如何上好班级心理辅导活动课——钟志农答疑50问	钟志农 著	42.00
9902	德育主任新方略	丁如许 著	32.00
8611	班主任工作中的心理效应	刘儒德 主编	35.00
1135	班主任有效沟通的艺术与技巧	李进成 著	36.00

编号	书名	作者	定价
0541	班主任如何破解德育低效难题	赵坡 著	35.00
9135	班主任，青春万岁——王君带班之道	王君 著	34.00
8770	班主任如何带好差班	赵坡 著	30.00
8309	扶年轻班主任上马	王莉 著	38.00
7926	教师必须掌握的教育惩戒艺术	郑立平 等著	28.00
7928	做一个聪明的班主任 ——对常见七类学生的教育艺术	郑立平 等著	28.00
班主任工作理念与方法系列合计			**694.00**
中学/中职班主任专业技能系列			
0938	好班是怎样炼成的 ——中学班主任班级建设之道	谢云 主编	38.00
9882	初中主题班会设计技巧与优秀案例	郑学志 主编	34.00
9056	高中主题班会设计技巧与优秀案例	郑学志 主编	32.00
9557	打造高中卓越班级的42个策略	覃丽兰 著	38.00
9990	打造中职卓越班级的41个策略	李迪 著	32.00
9905	中职主题班会设计技巧与优秀案例	李迪 著	35.00
9604	中学德育问题与对策	李季 贾高见 著	35.00
8463	中学班主任的70个临场应变技巧	刘令军 等著	34.00
中学/中职班主任专业技能系列合计			**278.00**
教育理念与实践系列			
4098	STEAM教学指南 ——用现实世界的问题吸引学生	邵卓越 等译 刘徽 审校	46.00

3371	教师情商修炼之道	杨敏毅 等 著	52.00
2754	教师怎样说话才有效（第2版）	李进成 著	58.00
8771	教师怎样说话才有效	李进成 著	32.00
2597	教师怎样说理才有效	李进成 著	52.00
1566	教导主任工作问题案例集	黄银美 主编	42.00
1139	如何当好教研组长——中小学教研组长专业素养与行动	杨向谊 著	36.00
1471	闪闪发光的故事：童书阅读与欣赏	周益民 著	32.00
0801	故事、儿童和作家的秘密——走近儿童阅读	周益民 著	32.00
0163	童年爱上一本书——教师、父母如何伴读	周益民 著	28.00
1564	教育：一场惊人的旅行	史金霞 著	62.00
8557	王晓春给青年教师的100条建议	王晓春 著	28.00
0734	怎样评价学生才有效——促进学习的多元化评价策略	陶志琼 译	48.00
0540	从生活中悟教育智慧——教育隐喻启示录	严育洪 著	36.00
0035	重构教师思维——教师应知的28条职业常识	刘 祥 著	32.00
9137	跟禅师学做教师	谢 云 著	28.00
8952	教育管理学：理论与实践（新版）	朱志勇 等 译	88.00
7615	零距离美国课堂	王 文 著	28.00
8604	一位青年教师的专业成长之路——王君专业求索笔记	王 君 著	32.00
8271	让教师偷着乐——校园幽默笑话396则	唐劲松 主编	18.00

5655	从教第一年——新教师职场攻略	赵丽 等译	45.00
5088	培养中小学生的创造性——理论与实践	胡清芬 等译	16.00
7704	心与心的约会——孙明霞的生命化课堂	孙明霞 著	28.00
教育理念与实践系列合计			**899.00**
心理健康教育课程设计系列			
0059	中学生心理课——生涯发展	廖丽娟 等编著	28.00
0060	中学生心理课——情绪管理	杨红梅 等编著	32.00
0185	中学生心理课——综合篇	中学生心理课综合篇教研组	52.00
8446	中小学生自伤问题——识别、评估和治疗	唐苏勤 等译	25.00
5834	心理健康教育课程设计	吴增强 蒋薇美 著	32.00
心理健康教育课程设计系列合计			**169.00**
教学理论与策略			
1790	优质提问教学法——让每个学生都参与学习（第二版）	盛群力 等译	48.00
1750	激发中学生脑的力量——适于脑的8种教学策略	吁思敏 卢小蕾 译	38.00
1594	设计与编写教学目标（第八版）	盛群力 等译	42.00
0226	多元智能教与学的策略（第三版）	霍力岩 等译	60.00
0150	教师怎样提问才有效——课堂提问的艺术	宋玲 译	45.00

......
欲了解更多图书信息，请登录：www.wqedu.com
联系地址：北京市西城区三里河路6号院2号楼213室　万千教育
咨询电话：010-65181109，65262933
*本目录定价如有错误或变动，以实际出书为准。